Dorothea Hall

Kreuzstich-Motive für Kinder

Nach Zählvorlagen leicht gestickt

Augustus Verlag

Die Deutsche Bibliothek – CIP-Einheitsaufnahme
Kreuzstich-Motive für Kinder: nach Zählvorlagen leicht
gestickt / Dorothea Hall. [Übers.
aus dem Engl.: Erica Mertens-Feldbausch]. – Augsburg:
Augustus-Verl., 1994
ISBN 3-8043-0280-7

Die englische Originalausgabe erschien bei Merehurst Limited,
London, unter dem Titel:
Cross Stitch for Children
(c) Copyright 1992 Merehurst Limited

Die im Buch veröffentlichten Ratschläge wurden von Verfasser
und Verlag sorgfältig erarbeitet und geprüft. Eine Garantie kann
dennoch nicht übernommen werden. Ebenso ist eine Haftung
des Verfassers bzw. Verlages und seiner Beauftragten für Perso-
nen-, Sach- und Vermögensschäden ausgeschlossen.

Jede gewerbliche Nutzung der Arbeiten und Entwürfe ist nur
mit Genehmigung von Verfasser und Verlag gestattet.

Bei der Anwendung im Unterricht und in Kursen ist auf dieses
Buch hinzuweisen.

Übersetzung aus dem Englischen: Erica Mertens-Feldbausch,
München

Fotografie: Di Lewis
Illustrationen: John Hutchinson
Lektorat der deutschen Ausgabe: Helene Weinold
Umschlaggestaltung: Christa Manner, München
Layout: Maggie Aldred

Augustus Verlag Augsburg 1994
(c) Weltbild Verlag GmbH, Augsburg

Satz: satz-studio, Bäumenhein
Reproduktion: Fotographics Limited, UK-Hong Kong
Druck und Bindung: Himmer, Augsburg
Printed in Germany
ISBN 3-8043-0280-7

INHALT

EINFÜHRUNG

Kreuzstickerei mit ihren vielfältigen Gestaltungsmöglichkeiten eignet sich ausgezeichnet für die Anfertigung von allerlei hübschen Dingen für Kind und Kinderzimmer und ist deshalb sehr beliebt. Die Anwendungsmöglichkeiten sind vielfältig: Besticken Sie doch einmal schlichte, stilisierte Stofftierchen mit einem phantasievollen Kreuzstichmuster, verzieren Sie die Steppdecke für die Puppenwiege mit einfarbigen Ornamenten, oder überraschen Sie ein Kind mit den drei Bären auf Sitz- und Rückenpolster.

Kinder lieben solche Dinge. Und weil der Kreuzstich besonders leicht zu erlernen ist, können sie mit ein wenig Hilfe auch selbst schon einfache Muster sticken.

Für jedes Motiv gibt es ein exaktes Zählmuster, eine Liste der erforderlichen Farben (die Nummern beziehen sich auf DMC-Sticktwist) sowie eine ausführliche Anleitung zur Fertigstellung des Gegenstandes. Überdies erfahren Sie im Kapitel „Grundtechniken" alles Wissenswerte zur Kreuzstickerei – von der Vorbereitung des Stoffes über den Umgang mit Stickrahmen bis hin zum Aufziehen von Stickbildern auf Karton.

Einige Motive, beispielsweise die Stofftierchen oder die Steppdecke für die Puppenwiege, sind sehr leicht zu sticken und für Anfänger wie geschaffen. Andere Muster sind etwas anspruchsvoller, und das Sticken mit mehreren Farben zum Herausarbeiten von Nuancen erfordert ein wenig Übung und Erfahrung.

Ob Neuling oder „alter Hase" in der Kunst des Kreuzstickens – der vorliegende Band bietet Ihnen eine Fülle von Anregungen zur Anfertigung von hübschen Dingen für Kinder, aber auch für Erwachsene.

Grundtechniken

Ehe Sie beginnen

Den Stoff vorbereiten

Selbst bei schonendem Umgang mit dem Material neigen gleichmäßig gewebte Stoffe oft dazu auszufransen. Ratsam ist es deshalb, vor dem Sticken die Ränder mit einfachem Nähgarn zu umstechen.

Anleitungen

Für jedes Modell ist zunächst das erforderliche Material aufgelistet. Sämtliche Motive werden auf Stoffe wie Aida oder Sulta (Hersteller: Zweigart) gestickt. Die Maße enthalten eine Rundum-Zugabe von mindestens 5 cm, damit Sie den Stoff problemlos in einen Stickrahmen einspannen und die Kanten zum Schutz gegen Ausfransen sichern können.

Gestickt wird mit Sticktwist. Die Farben für jedes Motiv sind in einer Tabelle aufgeführt. Normalerweise genügt je Farbe ein Strang Sticktwist; wird mehr Garn benötigt, findet sich ein entsprechender Hinweis.

Das Sticken nach Zählmustern, besonders solchen, in denen mehrere Symbole dicht nebeneinander liegen, ist manchmal weniger mühsam, wenn Sie mit einer vergrößerten Vorlage arbeiten, in der die Quadrate und Symbole deutlicher zu erkennen sind. Für ein paar Pfennige kann man in vielen Fotokopierläden die Zählmuster vergrößern lassen. Noch einfacher wird das Zählen, wenn Sie die Vorlage farbig ausmalen.

Markieren Sie vor dem Sticken – den Pfeilen im Zählmuster entsprechend – die Mitte des Motivs mit Hilfe zweier senkrecht bzw. waagrecht verlaufender Heftfadenlinien auf dem Stoff.

Die im Zählmuster markierten und in den Stoff gehefteten Mittellinien dienen als Orientierungshilfen zum Auszählen der Quadrate und Gewebefäden und damit zum exakten Plazieren des Motivs.

Sticken mit dem Rundrahmen

Für das Besticken kleiner Flächen wird am häufigsten der Rundrahmen aus zwei ineinander steckenden Ringen (Tamburierrahmen) benutzt. Der äußere Ring besitzt in der Regel eine Stellschraube, mit deren Hilfe der Stoff straff gespannt werden kann. Rundrahmen sind in unterschiedlichen Größen mit Durchmessern von 10 cm bis 38 cm erhältlich und oft mit einer Tischhalterung oder einem Bodenständer ausgestattet.

1 Legen Sie die Fläche, die bestickt werden soll, über den inneren Ring und schieben Sie den äußeren Ring mit gelockerter Stellschraube darüber. Zur Vermeidung von Druckstellen kann man ein Blatt Seidenpapier über den

Stoff legen, mit einspannen und das Papier nach dem Festziehen der Stellschraube über der zu bestickenden Fläche wieder abreißen.

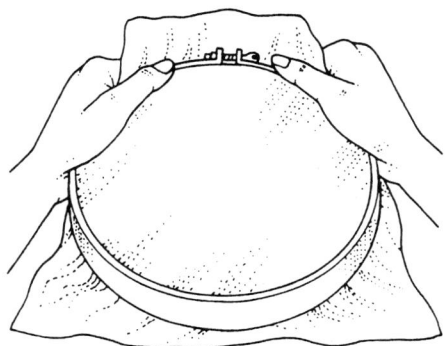

2 Vor dem Festziehen der Stellschraube den Stoff glätten und – falls erforderlich – den Fadenlauf gerade ausrichten. Das Material sollte gleichmäßig gespannt sein.

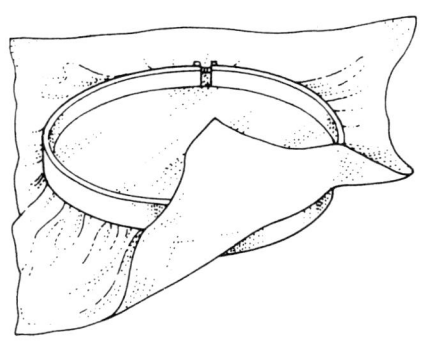

Sticken mit dem Viereck-Rahmen

Viereckige Rahmen, sogenannte Leistenspannrahmen, sind für größere Stickarbeiten besser geeignet. Sie bestehen aus zwei Rollen, auf denen der Länge nach ein robustes Band befestigt ist, und zwei flachen Seitenleisten, die durch Schlitze in den Rollen geschoben und mit Zapfen oder Schrauben verankert werden. Leistenspannrahmen sind auch mit verstellbarem Bodenständer oder Tischhalterung erhältlich. Die Größe wird von der Länge bzw. Breite der mit Band ausgestatteten Rolle bestimmt und liegt zwischen 30 cm und 68 cm.

Man kann sich auch mit einem Keilrahmen für Künstlerleinwand, einem Batikrahmen oder der Rückseite eines ausgedienten Bilderrahmens behelfen. In diesem Fall schlägt man einfach – vorausgesetzt die Stoffzugabe reicht aus – die Kanten einmal um und fixiert sie mit Reißnägeln am Rahmen.

1 Schneiden Sie zum Sticken im Leistenspannrahmen den Stoff in Größe der Stickerei plus eine Rundumzugabe von 5 cm zu. Die Ober- und Unterkante 12 mm breit umschlagen und heften, und auf die Seitenkanten ein 2,5 cm breites, robustes Band aufsteppen. Anschließend die Mittellinien mit Heftstichen markieren. Nähen Sie mit kräftigem

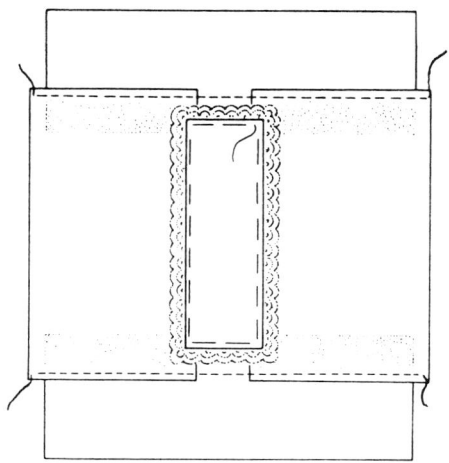

Faden und von der Mitte nach außen arbeitend die Ober- und Unterkante am Stickrahmenband fest. Die Seitenleisten in die Schlitze schieben und den Stoff auf eine der beiden Rollen aufwickeln, bis die Stickfläche straff gespannt ist.

2 Die Zapfen einschieben bzw. die Schrauben so fest anziehen, daß der Rahmen zusammenhält. Fädeln Sie nun in eine Nadel mit großem Öhr (Teppich-Nadel) einen kräftigen Faden oder eine dünne Schnur, schnüren Sie die mit Band besetzten Seitenkanten zickzackförmig und in Abständen von 2,5 cm an den Seitenleisten so fest, daß der Stoff dabei gleichmäßig gespannt wird (siehe Abbildung) und verknoten Sie Faden- oder Schnurende fest an den Rahmenecken.

Anstückeln

Kleine Stücke Stickereistoff, beispielsweise für Lesezeichen, lassen sich für das Einspannen in einen Rundrahmen ohne weiteres anstückeln.

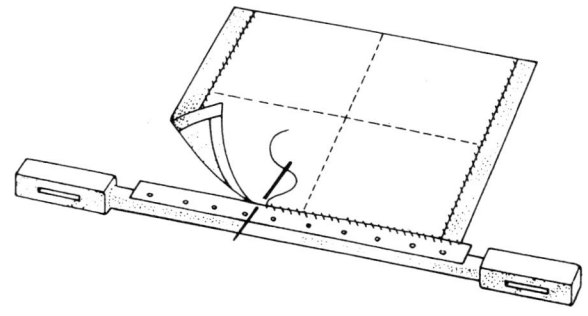

Verwenden kann man dafür Stoffreste ähnlicher Qualität. Schneiden Sie einfach vier Stücke in passender Größe zurecht, heften Sie sie der Abbildung entsprechend an den Stickereistoff und spannen Sie dieses „Patchwork" wie gewohnt in den Rundrahmen.

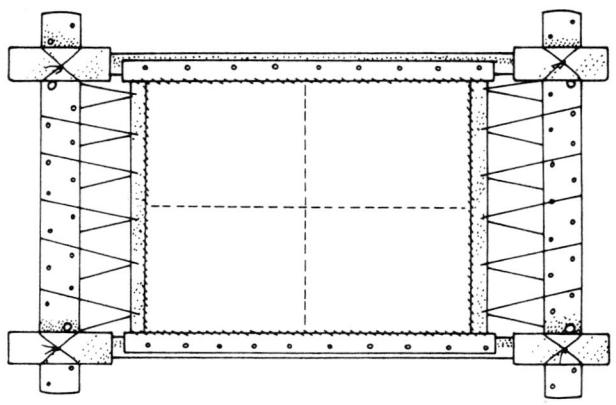

Schnittmuster vergrößern

Um ein Schnittmuster zu vergrößern, brauchen Sie kariertes Papier mit Ein-Zentimeter-Raster, ein Lineal und einen Bleistift. Wenn der Maßstab beispielsweise 1:5 betragen

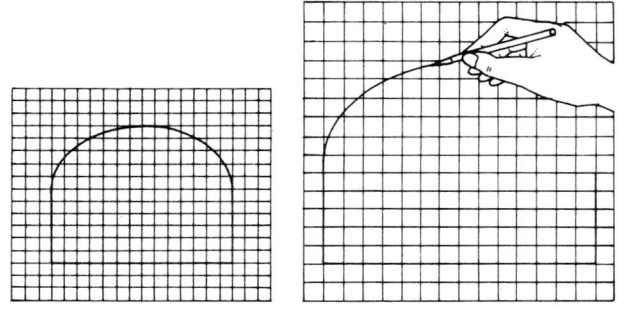

soll, ein Zentimeter-Karo der verkleinerten Vorlage also fünf Zentimetern im Original entsprechen soll, zeichnen Sie zunächst das Fünf-Zentimeter-Raster auf. Übertragen Sie die Zeichnung nun Karo für Karo auf das größere Raster. Gerade Linien ziehen Sie mit dem Lineal, abgerundete freihändig.

Ränder mit Schrägstreifen einfassen

Es gibt fertig gefalzte Schrägstreifen zu kaufen, die sich sehr gut dazu eignen, Stickereien auf ganz einfache Weise einzufassen, zum Beispiel Sets oder Lätzchen.

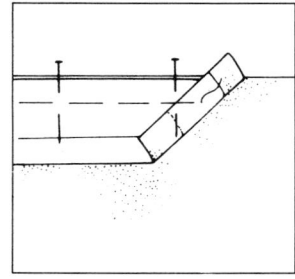 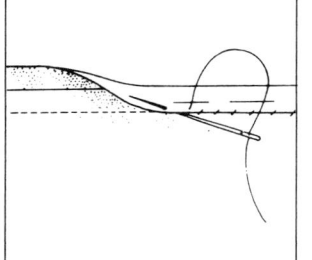

1 Den Umschlag auf einer Seite des Schrägstreifens aufklappen und den Streifen der Kante entlang rechts auf rechts auf den Stoff stecken. Das abgeschnittene Ende des Streifens umschlagen und den Anfangspunkt etwa 12 mm überlappen. Entlang der Saumkante feststeppen.
2 Schrägstreifen über die Stoffkante auf die linke Seite des Stoffs umschlagen, heften und den Saum ordentlich mit der Maschine steppen.

Gepaspelte Säume

Ein Saum mit kontrastfarbener Paspel sieht besonders hübsch aus und paßt gut zu Kissen.
Sie können die Paspelschnur entweder mit Schrägstreifen aus passendem Stoff einfassen oder fertige Paspeln verwenden, die es in vielen Breiten und Farben gibt.

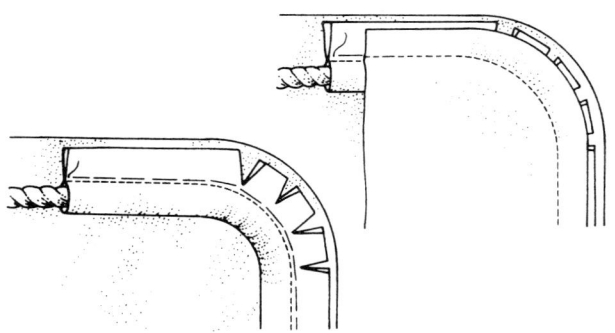

1 Stecken und heften Sie die Paspel der Saumkante folgend auf die rechte Seite des Stoffs. An Ecken und Rundungen schneiden Sie den Saum ein.
2 Legen Sie das zweite Stoffstück rechts auf rechts darauf, so daß die Paspel dazwischenliegt. Heften und nähen Sie die Teile von Hand zusammen. Wenn Sie mit der Maschine nähen, verwenden Sie einen Reißverschluß-Fuß. Nähen Sie nahe an der Paspelschnur entlang, so daß die erste Stepplinie verdeckt wird.

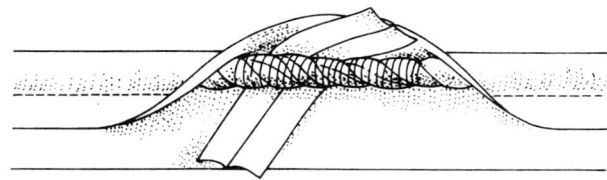

3 Um zwei Paspel-Stücke zu verbinden, lassen Sie zunächst beide Enden etwa 2,5 cm überlappen. Trennen Sie den Schrägstreifen ein Stück weit auf. Nähen Sie nun die Enden des Schrägstreifens zusammen (siehe Abbildung). Bügeln Sie die Naht flach auseinander. Dröseln Sie die Schnurenden auf und verbinden Sie sie miteinander (siehe Abbildung). Legen Sie den Schrägstreifen darüber zusammen und heften Sie weiter am Rand entlang.

Stickereien aufziehen

Schneiden Sie ein Stück starken Karton in Größe der fertigen Stickerei plus 6 mm Rundumzugabe zu.

Leichte Stoffe

1 Breiten Sie die Stickerei mit der Rückseite nach oben aus und legen Sie den Karton so auf, daß Heftfaden und Bleistiftlinien übereinstimmen. Die Ecken nacheinander diagonal einschlagen und mit Klebeband fixieren.

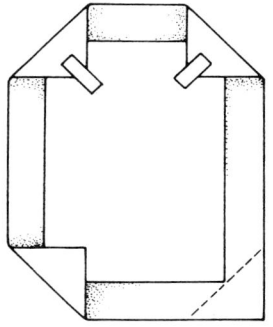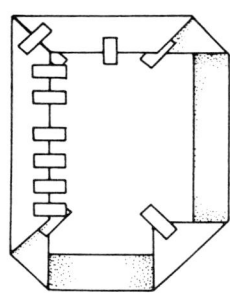

2 Schlagen Sie nun mit einer Seite beginnend den Stoff ein und fixieren Sie ihn in Abständen von ca. 2,5 cm mit Klebeband. Auch die Ecken mit Klebeband zusammenhalten, so daß der Stoff straff und faltenlos gespannt ist.

Schwerere Stoffe

Breiten Sie die Stickerei mit der Rückseite nach oben aus und legen Sie den Karton mittig darauf. Den Stoff an zwei gegenüberliegenden Seiten umschlagen, die Ecken ab-

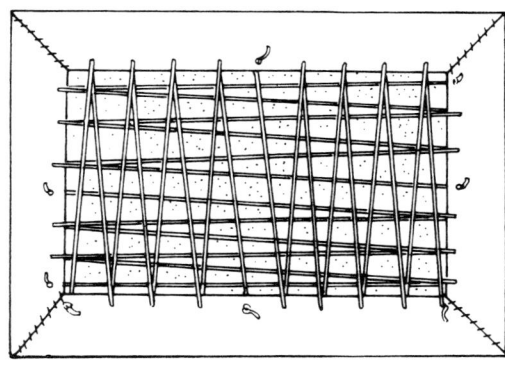

schrägen und die Stoffkanten im Zickzackverband zusammenhalten. Mit den beiden anderen Seiten ebenso verfahren. Abschließend den Stoff straffziehen und die Ecken mit überwendlichen Stichen zusammennähen.

Kreuzstich

Für sämtliche Kreuzsticharbeiten werden folgende Methoden angewandt. In beiden Fällen entstehen auf der Rückseite gleichmäßige Reihen von senkrechten Stichen.
Beim Besticken großer Flächen arbeitet man in horizontalen Reihen. Sticken Sie zunächst – links oben beginnend – die erste Reihe gleichmäßig voneinander entfernter, diagonaler Stiche über die in der Anleitung angegegebene Zahl von Gewebefäden. Dabei führt der Grundstich von links unten nach rechts oben. Anschließend wird diese Stichfolge – nun von rechts nach links arbeitend – in der Rückreihe wiederholt. Die Deckstiche führen stets von rechts unten nach links oben.

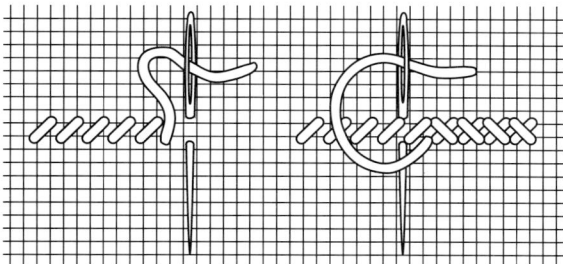

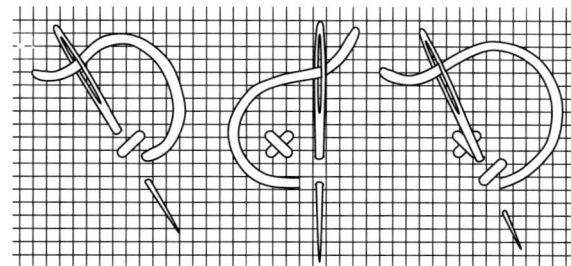

Bei diagonal verlaufenden Reihen arbeiten Sie von oben nach unten und stellen jeden Kreuzstich einzeln fertig, ehe Sie den nächsten sticken. Beginnen Sie jede Stickarbeit in der Mitte und arbeiten Sie von innen nach außen, damit das Motiv in der Mitte des Stoffes sitzt.

Rückstich

Mit dem Rückstich werden Trennlinien, Konturen oder Schatten herausgearbeitet. Er läuft über dieselbe Anzahl von Gewebefäden wie der Kreuzstich.

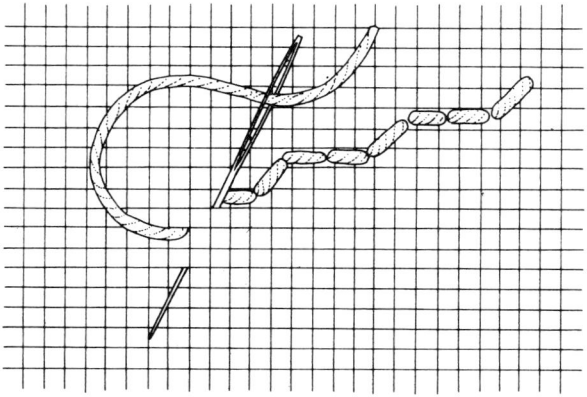

Machen Sie den ersten Stich von links nach rechts; führen Sie die Nadel eine Stichlänge links vom vorangehenden Stich wieder an die Stoffoberseite. Die Stichfolge entlang der vorgegebenen Linie fortsetzen.

Stofftiere für das Baby

Diese auf einer Seite bunt bestickten Stofftiere sind gerade so groß, daß winzige Händchen sie greifen können. Sie sind leicht zu nähen und mit weichem, flauschigem Material ausgestopft. Und wenn das Kleine nicht gerade damit spielt, kann man das Tierchen an seiner Schlaufe neben dem Stubenwagen aufhängen.

Stofftiere für das Baby

Material

Für 3 Stofftierchen, ca. 13 cm x 9 cm:

6 Stücke weißer Hardanger-Stoff, 87 Gewebefäden/10 cm,
je 18 cm x 13 cm (2 Teile je Tier)
90 cm weißes Satinband, 6 mm breit
Sticktwist in den in der Tabelle angeführten Farben
Sticknadel Nr. 26
Passendes Nähgarn
Weiches Synthetic-Füllmaterial zum Ausstopfen
3 Stücke Karton (leere Cornflakes-Packung o.ä.)
à 15 cm x 10 cm
Transparentpapier

Sticken

Alle drei Stofftiere werden auf dieselbe Weise gestickt und fertiggestellt. Bereiten Sie den Anleitungen auf Seite 5 entsprechend für jedes Tierchen ein Stück Stoff vor und spannen Sie es in einen Stickrahmen. Arbeiten Sie mit zwei Fäden in der Nadel nach dem Zählmuster und sticken Sie jeden Kreuzstich über zwei Gewebefäden. Falls erforderlich, die Stickarbeit von links dämpfen.

Fertigstellen

Pausen Sie die Umrisse jedes Stofftierchens durch, übertragen Sie sie auf den Karton und markieren Sie die Position der Pfeile. Die Schablone ausschneiden und so auf die linke Seite der Stickerei auflegen, daß Orientierungslinien und Pfeile übereinstimmen. Anschließend die Konturen der Schablone mit Bleistift auf dem Stoff nachziehen.
Zeichnen Sie im Abstand von 6 mm zur Bleistiftlinie (Nahtlinie) eine zweite Linie (Schnittlinie). Die Figur in diesem Stadium aber noch nicht ausschneiden; der Stoff franst während des Nähens leicht aus, deshalb sollte man am besten zunächst die Näharbeiten beenden.
Schneiden Sie das Band in drei gleich lange Teile, zwei Abschnitte beiseite legen und den dritten in der Mitte falten. Die unbestickte Rückseite des Tieres und das Stickbild rechts auf rechts legen und die Bandschlaufe so zwischen beide Lagen schieben, daß ihre Schnittenden an den Schnittkanten des Stoffes knapp überstehen (siehe Markierung im Zählmuster).

Nun beide Stoffteile zusammenstecken und zwischen den beiden markierten Umrißlinien heften. Mit der Maschine oder von Hand die beiden Teile entlang der Nahtlinie zusammennähen und an der im Zählmuster markierten Stelle einen kleinen Schlitz offenlassen.
Schneiden Sie nun entlang der äußeren Bleistiftlinie die Figur aus und kerben Sie die Nahtzugabe an den Rundungen ein – aber vorsichtig, damit Sie nicht in die Naht schneiden. Die Heftfäden herausziehen, die Hülle auf die rechte Seite drehen, dämpfen und die Naht mit den Fingern glattstreichen.
Abschließend das Stofftier ausstopfen und dabei an schwer zugänglichen Stellen, beispielsweise den Katzenohren, mit einer Stricknadel nachhelfen. Nach dem Ausstopfen die Schlitzkanten nach innen kippen und die Öffnung mit Hohlstichen verschließen.

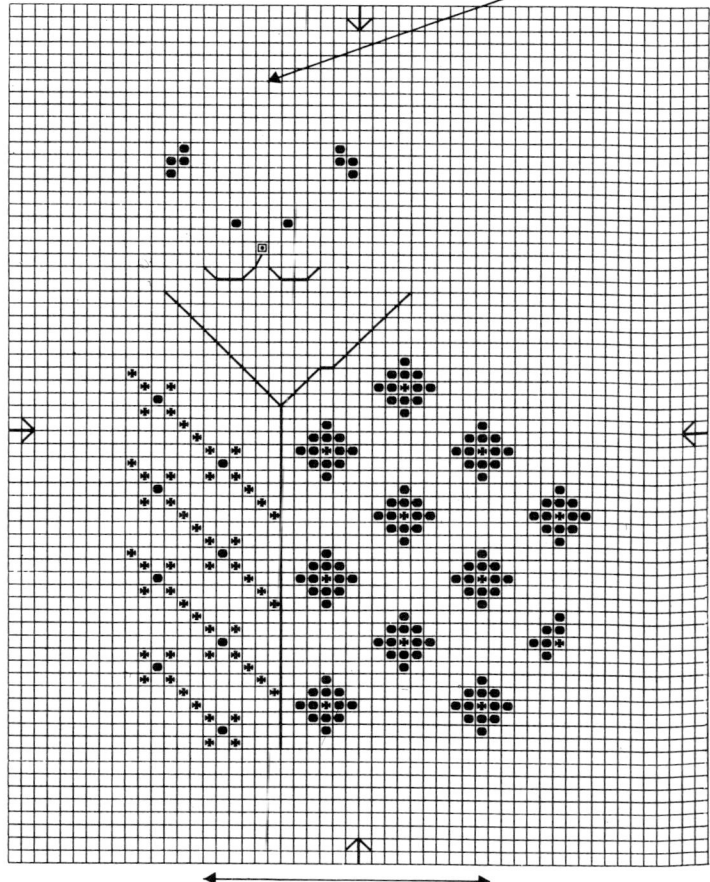

Ansatzpunkt für Schlaufe

Schlitz

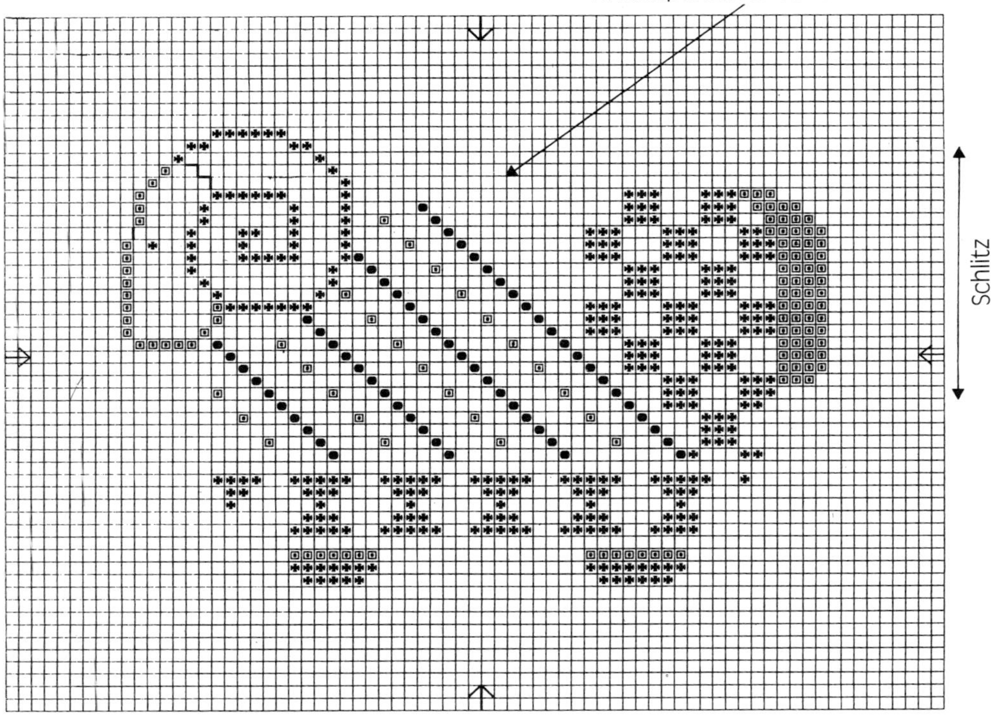
Ansatzpunkt für Schlaufe
Schlitz

Schafbock ◀

- ⊡ 504 Ecru
- ● 3733 Rot
- ✚ 597 Meergrün (auch Rückstiche Hörner)

Teddy ▶

- ⊡ 744 Gelb
- ● 833 Ocker (auch Rückstiche Nase und Schnauze)
- ✚ 581 Olivgrün (auch Rück stiche Hemd und Hose)

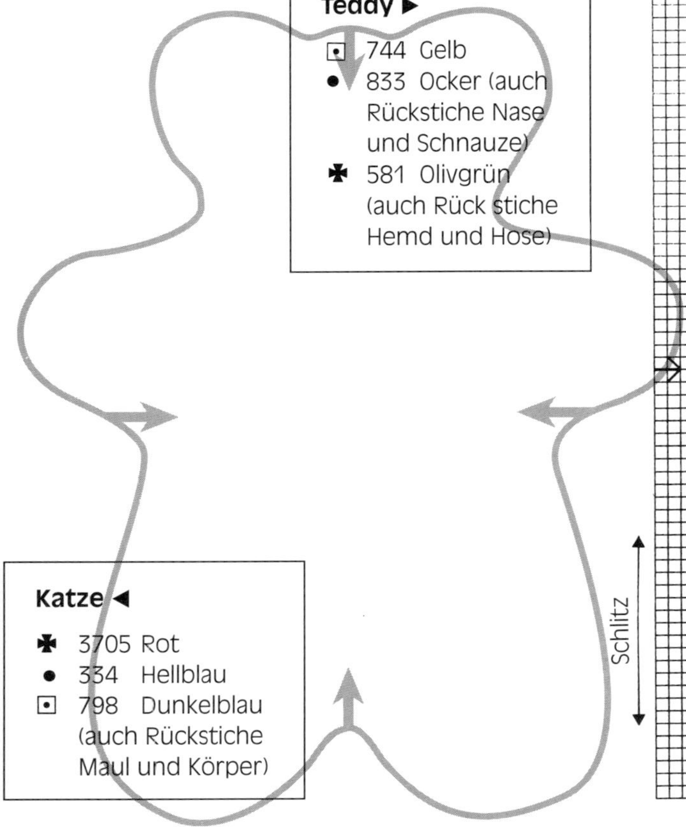

Katze ◀

- ✚ 3705 Rot
- ● 334 Hellblau
- ⊡ 798 Dunkelblau (auch Rückstiche Maul und Körper)

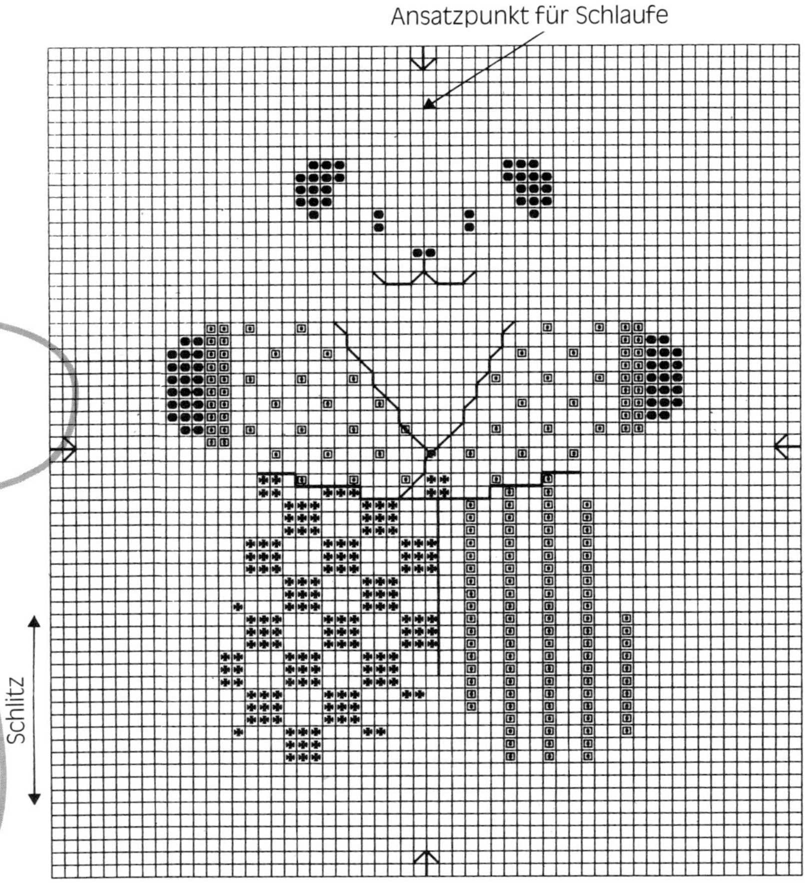
Ansatzpunkt für Schlaufe
Schlitz

Sitz- und Rückenpolster

Die Geschichte von den drei Bären ist ein hübsches Motiv für das Sitzkissen und Rückenpolster eines Kinderstühlchens. Das Rückenpolster wird angebunden und hat an der Rückseite eine tiefe Tasche zum Aufbewahren wohlgehüteter Schätze und heißgeliebter Kuscheltiere. Um Aida-Stoff zu sparen, könnten Sie für die Kissenunterseite und die Taschenoberseite auch einfarbigen oder gemusterten Deko-Stoff oder einen anderen festen Baumwollstoff nehmen. Die Oberseite des Rückenpolsters und die Taschenunterseite hingegen bestehen aus einer durchgehenden Stoffbahn.

Sitz- und Rückenpolster

Material

Für ein Rückenpolster 23 cm x 20 cm und ein Sitzkissen 23 cm x 23 cm (die 4 cm breiten Rüschen nicht eingerechnet):

60 cm Stern-Aida-Stoff in hellem Khaki, ca. 54 Fäden/10 cm, 110 cm breit
30 cm farblich dazu passender Baumwollsatin, 90 cm breit, für die Rüschen
1,20 m Nahtband in einer Kontrastfarbe, 12 mm breit
24 cm x 23 cm mittelstarke Synthetic-Wattierung
Sticktwist in den in der Tabelle angeführten Farben
Sticknadel Nr. 26
Kissen 25 cm x 25 cm

Zuschneiden der Teile

Schneiden Sie nach dem unten dargestellten Schnittmuster die Teile für Kissen und Rückenpolster zu. Die Nahtzugaben sind in den angegebenen Maßen enthalten.
Den Baumwollsatin in drei jeweils 10 cm breite Streifen schneiden und zunächst beiseite legen.

Sticken

Rückenpolster und Kissen werden auf dieselbe Weise gestickt. Bereiten Sie den Anleitungen auf Seite 5 entsprechend den Stoff vor, markieren Sie die Mittellinien der Motive mit Heftfaden und spannen Sie den Stoff in einen Rund- oder Leistenspannrahmen. Für das Rückenpolster (Teil B) zuvor noch die Stoffbruchlinie markieren.
Sticken Sie mit zwei Fäden in der Nadel nach dem Zählmuster und schließen Sie mit den Rückstichen ab. Die Rückstiche auf dem Binsengeflecht des Stuhles (Rückenpolster) werden einfädig gestickt. Die fertige Stickerei aus dem Rahmen nehmen und von links dämpfen.

Schnittmuster

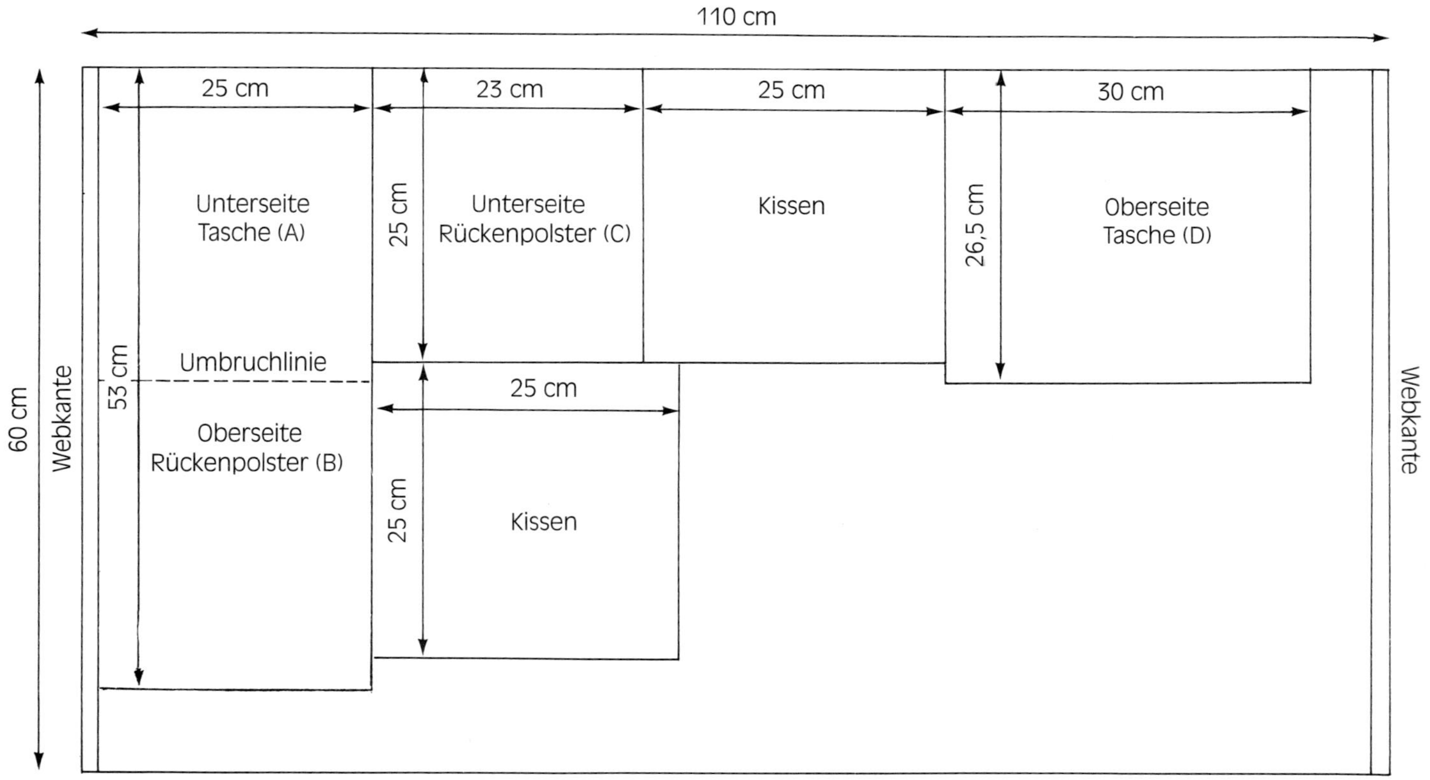

| | 110 cm | | | |

60 cm — Webkante

| 25 cm | 23 cm | 25 cm | 30 cm |

Unterseite Tasche (A)

25 cm — Unterseite Rückenpolster (C)

Kissen

26,5 cm — Oberseite Tasche (D)

53 cm

Umbruchlinie

Oberseite Rückenpolster (B)

25 cm

Kissen

25 cm

Webkante

Fertigstellen

Rückenpolster:

Schneiden Sie das bestickte Teil mit den Heftlinien als Orientierungshilfe auf eine Größe von 48,5 cm x 23 cm zurecht und achten Sie darauf, daß sich das Motiv in der Mitte von Teil B befindet.

Für die Rüschen zwei 50 cm lange Streifen Satin abschneiden, der Länge nach rechts auf rechts falten und die Schmalseiten zusammensteppen. Die Streifen umdrehen und bügeln. Entlang der offenen Kante eine Kräuselnaht machen und die Streifen auf 23 cm Länge zusammenziehen. Die Rüschen rechts auf rechts, mit der offenen Kante knapp innerhalb der Nahtzugabe, auf die Längskanten von Teil B heften und ansteppen.

Für die Haltebänder das Nahtband in vier gleich lange Teile schneiden. Die Bänder rechts auf rechts auf die Schmalseiten der Teile A und B heften (siehe Abbildung); sie werden später beim Zusammensteppen mit den Teilen C bzw. D mitgefaßt.

Die Wattierung auf die linke Seite von Teil C (Unterseite Rückenpolster) auflegen, die Schnittkanten an drei Seiten aufeinander ausrichten, feststecken und heften. Die obere Schmalseite (an der Oberkante der Stuhllehne) von Teil C 12 mm und über die Schnittkante der Wattierung hinweg nach links umschlagen und heften. Teil C – mit der gehefteten Schmalseite an der Stoff-bruchlinie – rechts auf rechts auf Teil B legen, und die beiden Teile an den Längskanten und der Unterkante zusammensteppen. Wattierung und Ecken zurückschneiden, das Rückenpolster auf die rechte Seite drehen, und Ober- und Unterseite (Teile B und C) dicht an der eingeschlagenen Oberkante von Teil C entlang durch alle Lagen hindurch zusammensteppen.

An einer Längskante von Teil D (Oberseite Tasche) einen 12 mm breiten Doppelsaum steppen. An der zweiten Längskante zu beiden Seiten und jeweils 6 cm von den Außenkanten entfernt eine 2 cm tiefe Falte legen und mit einer Quernaht fixieren.

An der Stoffbruchlinie der Teile A und B die seitliche Nahtzugabe einschneiden. Teil D mit der rechten Seite auf die linke Seite von Teil A auflegen, Seiten- und Unterkanten heften und zusammensteppen; die Oberkante bleibt offen. Die Ecken zurückschneiden und Teil D auf die rechte Seite drehen. Die oberen Taschenecken durch einige Querstiche verstärken.

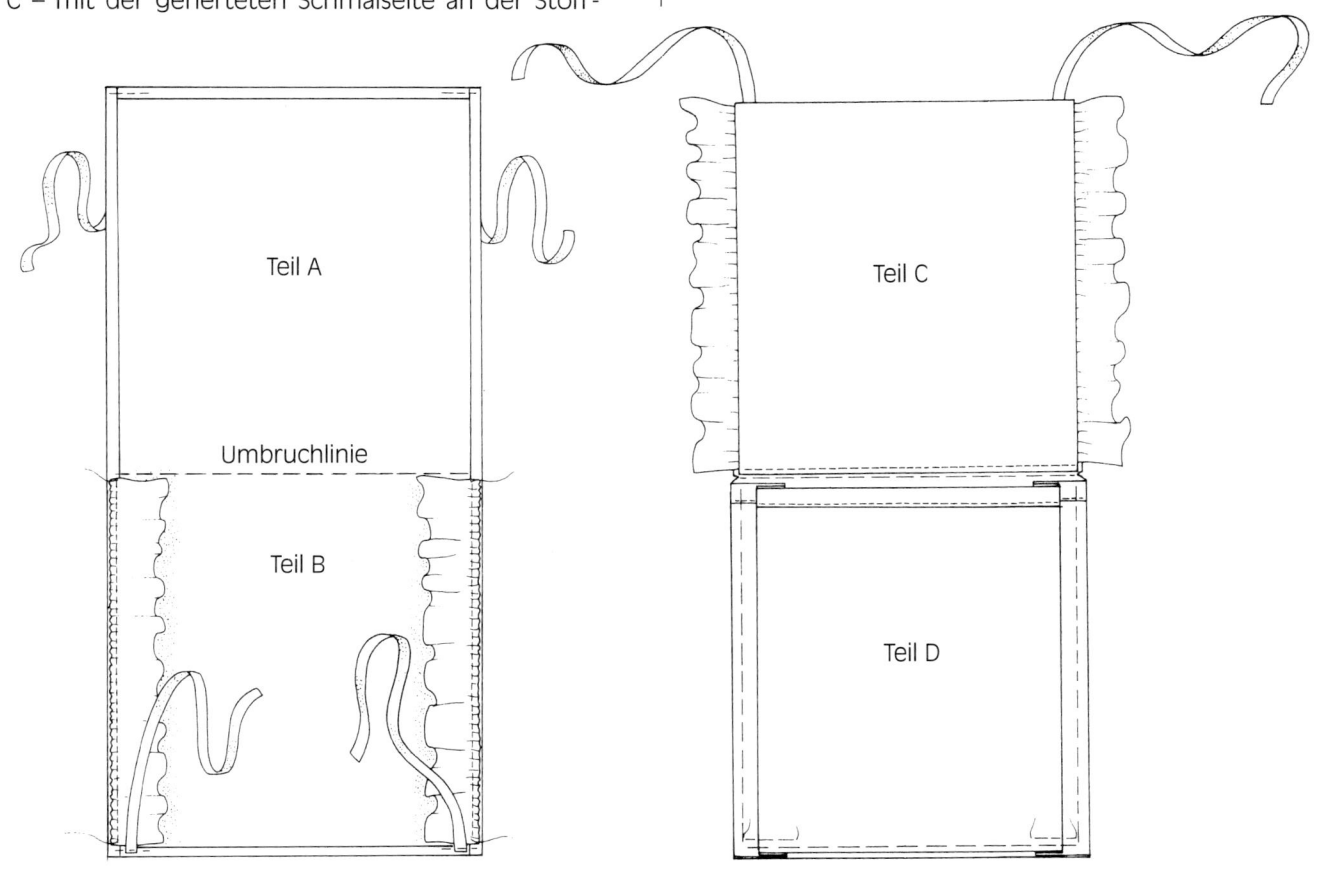

Teil A

Umbruchlinie

Teil B

Teil C

Teil D

Sitzkissen:

Für die Rüsche die restlichen Satinstreifen zu einem 1,60 m langen Band zusammennähen und das Band an seinen beiden Schmalkanten zu einem Ring schließen, auf die rechte Seite drehen und die Nähte breitbügeln. Das Rüschenband der Länge nach links auf links falten und bügeln. Entlang den Schnittkanten eine Kräuselnaht machen und die Rüsche auf passende Länge zusammenziehen, rechts auf rechts auf die Kissenvorderseite heften und feststeppen.

Die Kissenunter- und -oberseite rechts auf rechts zusammenheften, steppen und in der Mitte einer Seite einen 15 cm langen Schlitz offenlassen. Die Ecken zurückschneiden, die Kissenhülle auf die rechte Seite drehen und nach dem Herausziehen der Heftfäden leicht überbügeln. Stopfen Sie dann das Kissen hinein und verschließen Sie den Schlitz mit Hohlstichen.

16

Sitzkissen ▼

‖	Weiß	△	783 Gold, dunkel	I	807 Türkis	⊡ 435 Hellbraun (Rück-stiche: Dunkelbraun)
⬤	3047 Creme	◆	224 Blaßrosa	÷	598 Blau	○ 611 Braun (Rück-stiche: Dunkelbraun)
⊆	676 Blaßgelb (auch Rückstiche Pfoten)	●	3733 Rosa	↓	523 Gelbgrün	✳ 3781 Dunkelbraun
		◤	504 Türkis, blaß (Rückstiche: Grün)	△	733 Grün	= 453 Grau

18

Steppdecke für die Puppenwiege

Einfarbig und mit relativ großen Kreuzstichen gestickt, ist diese Steppdecke für die Puppenwiege leicht anzufertigen. Und mit etwas Hilfe kann sich sogar ein kleines Mädchen an diese Stickerei wagen. Das Motiv ist dem sogenannten Martha-Washington-Stern, einem traditionellen amerikanischen Patchwork-Muster, nachempfunden.

Steppdecke für die Puppenwiege

Material

Für eine Puppen-Steppdecke 41 cm x 25 cm:

46 cm x 30 cm weißes Sticklleinen, 80 Gewebefäden/10 cm
43,5 cm x 27,5 cm weißes Leinen, etwas feiner als der Oberstoff, oder Baumwollstoff zum Abfüttern
43,5cm x 27,5 cm leichte Synthetic-Wattierung
3 Stränge roter Sticktwist
Sticknadel Nr. 18
Passendes Nähgarn

Sticken

Den Anleitungen auf Seite 5 entsprechend den Stoff vorbereiten und in einen Stickrahmen spannen. Arbeiten Sie mit drei Fäden in der Nadel nach dem Zählmuster und sticken Sie jeden Kreuzstich über zwei Gewebefäden. Die Stickvorlage gilt für eine Deckenhälfte; Sticken Sie, sobald Sie damit fertig sind, die zweite Hälfte nach derselben Vorlage gegengleich.
Denken Sie daran, daß bei Zählstoffen über die Rückseite laufende Fäden oft auf der rechten Seite durchschimmern. Führen Sie deshalb den Stickfaden nicht von einem Motiv zum anderen, sondern vernähen Sie ihn und fangen Sie an anderer Stelle wieder neu an. Die fertige Stickerei von links dämpfen.

Die Lagen verbinden . . .

Den Oberstoff auf 43,5 cm x 27,5 cm zurechtschneiden und mit der rechten Seite nach unten ausbreiten. Die Wattierung auflegen, darüber den Futterstoff ausbreiten und die drei Lagen glattstreichen. Die Lagen feststecken und – von der Mitte nach außen arbeitend – zusammenheften. Auf diese Weise wird das Material in Richtung Außenkanten geglättet, und es entstehen keine unschönen Beulen in der Deckenmitte. Heften Sie die Lagen horizontal, vertikal und diagonal in beide Richtungen, und beginnen Sie dabei immer in der Mitte. Lassen Sie ein langes Fadenende in der Mitte hängen und heften Sie in Richtung einer Kante oder Ecke. Anschließend den in der Mitte hängenden Faden in die Nadel fädeln und in die entgegengesetzte Richtung heften. Bei dieser Methode gibt es in der Mitte keine Knoten.

. . . und Punkt für Punkt quilten

Setzen Sie – auf der bestickten Seite und mit passendem Nähgarn arbeitend – einen einzelnen Stich überall dort, wo sich zwei Sticklinien kreuzen. Mit der Nadel von unten nach oben durchstechen und den Faden so weit durchziehen, daß an der Unterseite ein ca. 8 cm langes Fadenende übrigbleibt, in der Mitte des Kreuzes einen winzigen Stich machen und wieder auf die linke Seite durchstechen. An derselben Stelle einen zweiten Stich setzen, die beiden Fadenenden ohne allzu heftiges Anziehen auf der linken Seite miteinander verknoten und abschneiden. In den übrigen dafür vorgesehenen Feldern ebenso verfahren.

Kanten versäubern

Die Wattierung rundum an den Kanten 12 mm zurückschneiden. Die Saumzugaben von Ober- und Unterstoff so nach innen kippen, daß der Umschlag des Oberstoffes die Schnittkante der Wattierung überdeckt, heften und mit Hohlstichen zusammennähen. Des originalgetreuen Aussehens wegen sollten Sie den Rand der Steppdecke mit einer Doppelreihe von Handstichen durchnähen – die erste Reihe im Abstand von zwei und die zweite Reihe im Abstand von acht Gewebefäden zur Kante, dicht neben der gestickten Borte.
Die Heftfäden herausziehen und die Decke, falls erforderlich, leicht dämpfen.

Handquilten

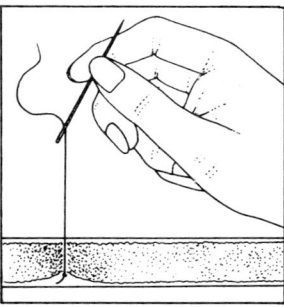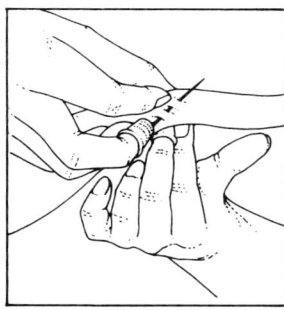

1 In einem Rahmen bleibt der Stoff gleichmäßig gespannt, und damit wird der Randwulst gleichmäßig und füllig. Arbeiten Sie mit dem für das Quilten geeigneten „Werkzeug" (Spezialnadel und -faden) und machen Sie in den ziemlich kurzen Faden einen Knoten; er wird durch den Unterstoff gezogen und verschwindet in der Wattierung.
2 Machen Sie, den Mittelfinger der „Nähhand" mit einem Fingerhut geschützt, mehrere Stiche und drücken Sie dabei mit dem Daumen unmittelbar vor

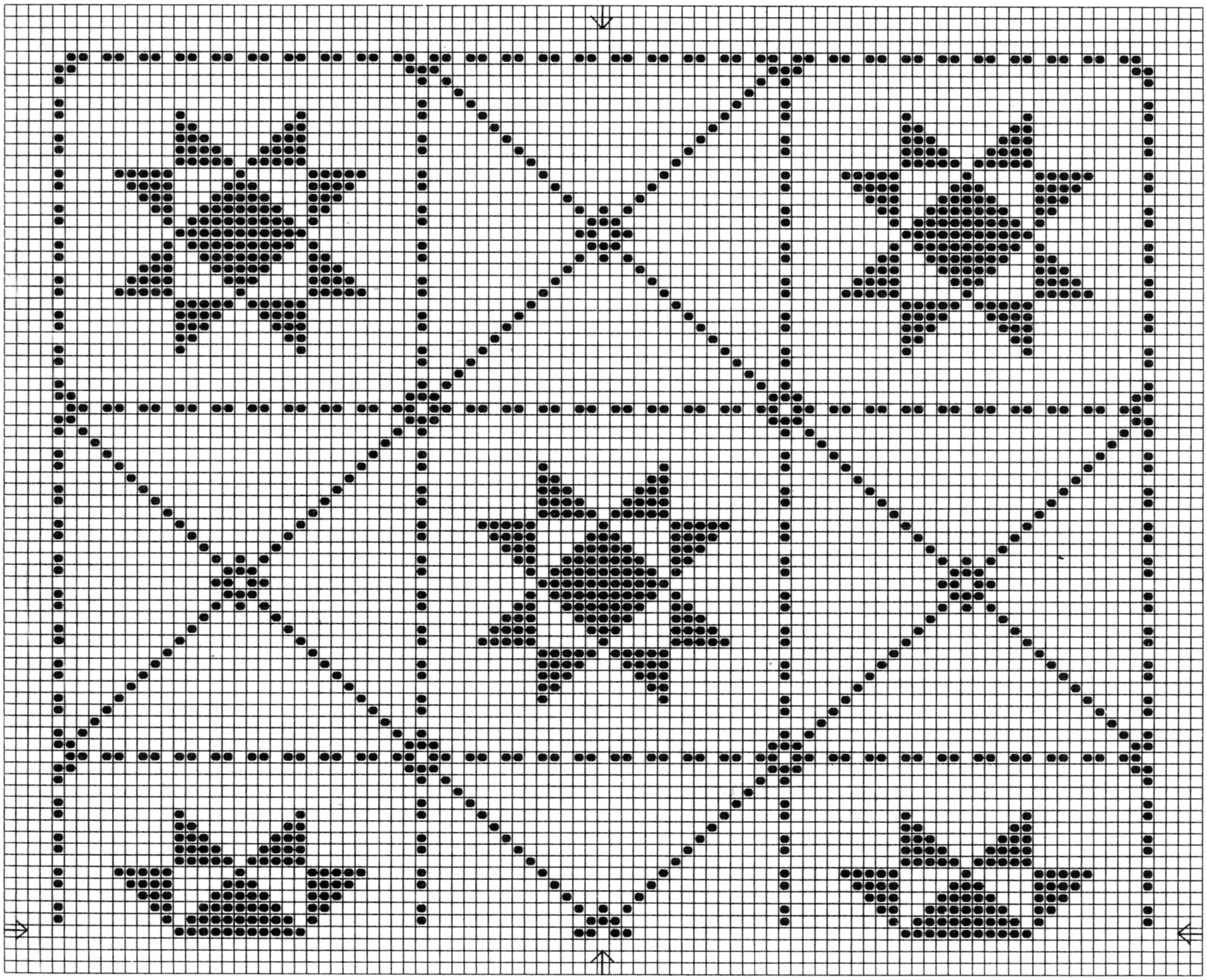

der Nadel kräftig auf den Stoff. Die untere Hand, auf deren Zeige- oder Mittelfinger gleichfalls ein Fingerhut sitzt, „tastet" die Nadel und führt sie durch die Stofflagen hindurch wieder nach oben.

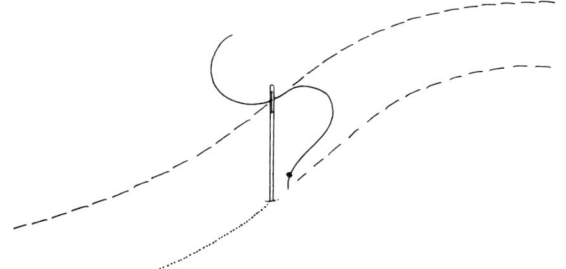

3 Den Abschluß bilden einige Rückstiche oder ein Knoten dicht am letzten Stich. Den Faden soweit zur Unterseite durchziehen, bis der Knoten in der Wattierung verschwindet, und dann abschneiden.

Steppdecke ▲

● 666 Rot

Die zweite Hälfte des Motivs ab der Mittellinie gegengleich nach demselben Zählmuster sticken.

Sofakissen

Ob auf der Liege eines Teenagers, in einem Sessel oder auf der Couch – diese reizenden kleinen Kissen sind überall hübsch anzusehen. Hätten Sie gerne etwas größere Bezüge, könnten Sie sie mit einer Samtborte in einem dazu passenden dunklen Farbton besetzen. Die Borte läßt die Kissen größer erscheinen und gibt den Märchenmotiven zudem einen effektvollen Rahmen.

Sofakissen

Material

Für 3 Kissenhüllen 24 cm x 24 cm:

Jeweils 58 cm x 29 cm cremefarbener, rosafarbener und
grauer Stern-Aida-Stoff, 56 Fäden/10 cm
Jeweils 1 m Paspel in Metallic-Gold, Grau und Rot
Sticktwist in den in der Tabelle angeführten Farben
Sticknadel Nr. 24
Passendes Nähgarn
3 Kissen 25 cm x 25 cm
Transparentpapier

Sticken

Alle drei Kissen werden auf dieselbe Weise gearbeitet.
Schneiden Sie zunächst den Aida-Stoff für jedes Kissen
in zwei gleich große Teile (29 cm x 29 cm), bereiten Sie
dann jeweils eines davon den Anleitungen auf Seite 5
entsprechend vor und spannen Sie den Stoff in einen
Stickrahmen.
Sticken Sie mit zwei Fäden in der Nadel die Kreuzstiche
nach dem Zählmuster und schließen Sie mit den Rückstichen ab. Zum Schluß das Motiv mit zweifädig gestickten Rückstichen umranden und darauf achten, daß alle
vier Ecken symmetrisch ausfallen.
Die Stickerei aus dem Rahmen nehmen und von links
dämpfen.

Fertigstellen

Das bestickte und unbestickte Teil jeder Kissenhülle an
den Kanten auf 26,5 cm x 26,5 cm zurückschneiden.
Pausen Sie die Umrisse der Kissenecke durch, die auf
dem Zählmuster des Rattenfängers eingezeichnet ist
und fertigen Sie durch Umklappen der Zeichnung an
der jeweiligen Mittellinie eine Pappdeckelschablone der
Kissenform an. Die Schablone auf die beiden Teile auflegen, die abgerundeten Ecken markieren und ausschneiden. Eine 12 mm breite Nahtzugabe ist bereits
enthalten.
Das Rumpelstilzchen-Motiv wird mit der Metallic-Gold-
Paspel eingefaßt, der Rattenfänger mit der roten und
die Gänsemagd mit der grauen Paspel. Die Paspel
rechts auf rechts – mit der offenen Kante knapp innerhalb der Nahtzugabe – auf das Stickbild auflegen, heften und mit dem Reißverschlußfuß anstepppen (siehe
Seite 6). Die beiden Enden der Paspel überlappen und
die unversäuberten Kanten sauber in die Nahtzugabe

laufen lassen. Bei Paspeln, die sich (anders als fertige
Metallic-Paspeln) aufspleißen lassen, ließe sich so eine
unsichtbare Verbindung schaffen.
Vorder- und Rückseite der Kissenhülle rechts auf rechts
aufeinanderlegen, heften und mit dem Reißverschluß-
fuß möglichst dicht an der Paspel entlang zusammensteppen; in der Mitte einer Seite einen 16 cm langen
Schlitz offenlassen.
Die Heftfäden herausziehen, die Ecken einschneiden
und die Kissenhülle auf die rechte Seite drehen. Ehe Sie
das Kissen hineinstopfen, die Kissenecken ein wenig
eindrücken, etwas rundlich zurechtzupfen und diese
Form mit einigen losen Stichen fixieren. Das Kissen in
die Hülle stopfen und die Öffnung mit Hohlstichen verschließen.

Rattenfänger ►		
↑	725	Gelb
◣	741	Bernstein
I	370	Ocker (Rückstiche: Grau)
S	3779	Fleischfarben (Rückstiche: Hellgrau)
✳	606	Rot (Rückstiche: Grau)
⊡	309	Magentarot (Rückstiche: Grau)
◱	703	Hellgrün
○	943	Blaugrün (Rückstiche: Grau)
●	3052	Gelbgrün
◆	927	Hellgrau (Rückstiche: Grau)
↓	317	Grau (Rattenpfoten; Rückstiche: Hellgrau)
△	413	Dunkelgrau (Barthaare Ratten; Schnurrbart Rattenfänger)

Musterecke an dieser Mittellinie gegengleich auf der anderen Seite anlegen

Musterecke an dieser Mittellinie gegengleich auf der anderen Seite anlegen

Der Rattenfänger von Hameln

Der Rattenfänger setzte seine Flöte an die Lippen und spielte eine traurige, lockende Melodie. Plötzlich wimmelte es in den Straßen von Hameln von Ratten. Da zog der Rattenfänger zum Fluß und setzte sich nieder, worauf sich die Ratten in das eiskalte Wasser stürzten und auf immer verschwanden.

Die Gänsemagd

Die Prinzessin, von ihrer Kammerjungfer betrogen und zur Gänsemagd erniedrigt, sprach mit dem Kopf ihres Pferdes Falada. Allmorgendlich, wenn sie die Gänse auf die Wiese trieb, blieb sie unter dem Tor stehen und sprach: „Oh du Falada, da du hangest!" Und Falada erwiderte: „Oh du Jungfer Königin, da du gangest; wenn das deine Mutter wüßte, das Herz im Leib tät' ihr zerspringen." Dann zog sie weiter ihres Weges, bis sie zur Wiese kam. Dort setzte sie sich nieder und begann ihr Haar zu kämmen.

Rumpelstilzchen

Da plötzlich, wie aus dem Nichts, erschien das wunderliche Männlein und sprach zur Müllerstochter:„Was gibst du mir, wenn ich dir alles Stroh zu Gold spinne?" „Den Ring von meinem Finger", erwiderte sie. Rumpelstilzchen hüpfte sogleich auf den Schemel und begann zu spinnen. Und über Nacht hatte es die ganze Kammer voll Stroh zu purem Gold gesponnen.

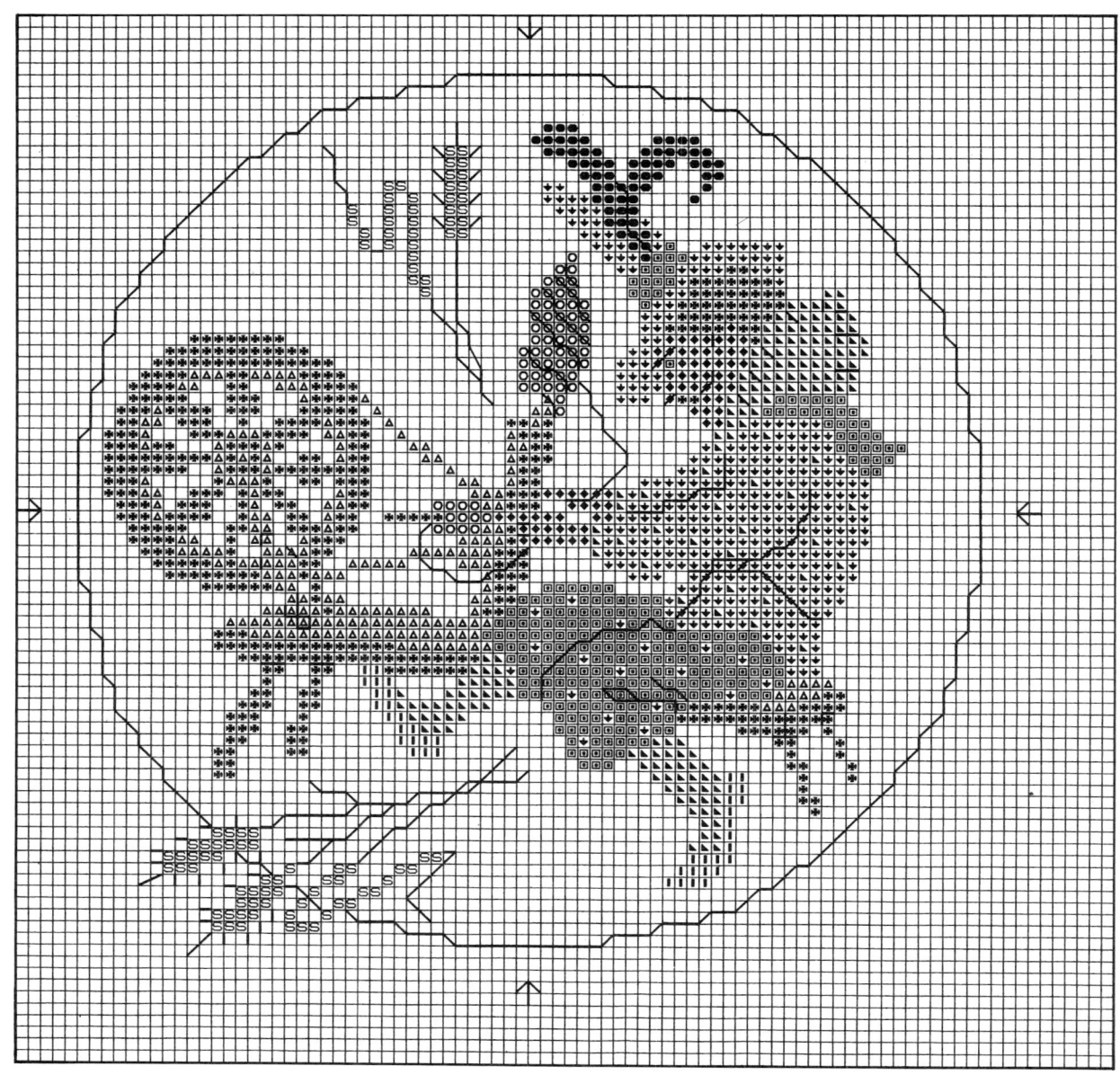

Rumpelstilzchen ▲

S 834 Maisgelb (und Rückstiche Halme)

↓ 725 Gelb

○ Goldfarben (und gesponnener Faden; Rückstiche: Hellbraun)

◆ 3779 Fleischfarben (Rückstiche: Braun)

● 3712 Rot (Rückstiche: Türkis)

◣ 3753 Türkis, blaß (Rückstiche: Türkis)

⊡ 3766 Türkis (Rückstiche: Grün)

| 3347 Grün

△ 3045 Hellbraun (Rückstiche: Braun)

✳ 3011 Braun (Rückstiche: Hellbraun)

Gänsemagd ▼

- = Weiß (Rückstiche: Grau)
- ◆ 725 Gelb (Rückstiche: Olivgrün)
- ↑ 834 Gold (Rückstiche: Gelb)
- I 948 Fleischfarben (Rückstiche: Dunkelrosa; Auge: Gelbtürkis)
- ● 3354 Graurosa (Rückstiche Motivumrandung)
- ◺ 3706 Dunkelrosa (Rückstiche Haarband)

- ○ 927 Gelbtürkis (Rückstiche: Graurosa)
- ⊐ 772 Blaßgrün (Rückstiche Gras)
- ↓ 3013 Olivgrün
- ⊡ 3052 Gelbgrün (Rückstiche Äste)
- △ 3072 Grau (Rückstiche Ärmel: Gelbtürkis; Pferd: Dunkelgrau)
- ✱ 926 Dunkelgrau

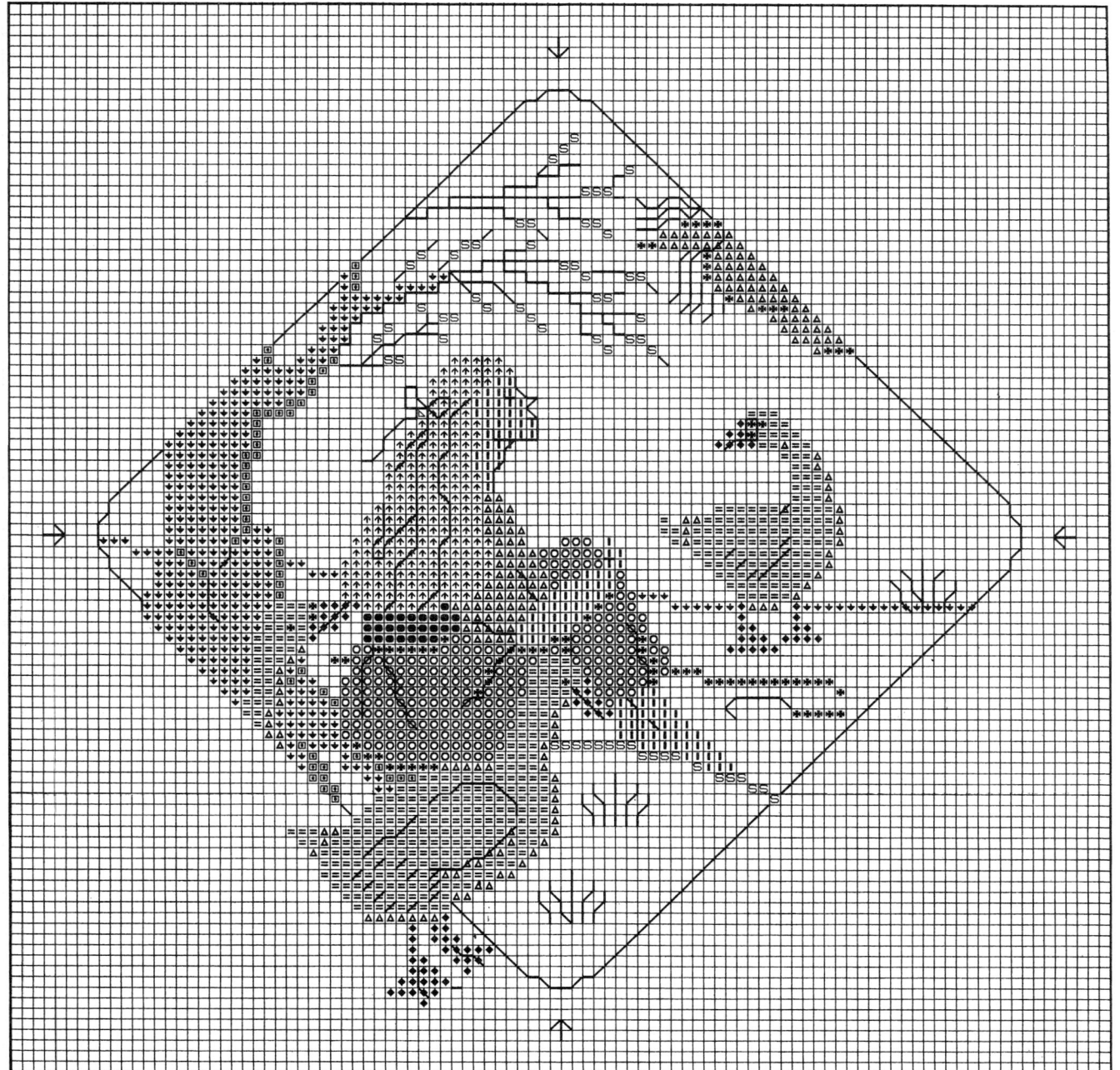

31

Grüße und Glückwünsche

Auf einer handgestickten Karte über-
mittelt, erhalten Glückwünsche eine
besonders liebenswerte Note.
Schicken Sie zur Ankunft eines Babys oder
zur Taufe eine Karte mit Tauben und
Herzen, zu Weihnachten einen freund-
lichen Nikolaus oder zum zweiten
Geburtstag des jüngsten Familiensprosses
zwei farbenfrohe Papageien. Die Motive
sind leicht zu sticken und in selbstklebenden Passepartout-Karten im
Handumdrehen montiert.

Grüße und Glückwünsche

Material

Für die Karte zur Taufe 20 cm x 14,5 cm, mit rechteckigem Passepartout-Ausschnitt 14 cm x 9,5 cm:

23 cm x 18 cm blaßrosa Stickleinen, ca. 112 Fäden/10 cm
Sticktwist in den in der Tabelle angeführten Farben
Sticknadel Nr. 26
Passepartout-Glückwunschkarte
Bei nicht selbstklebenden Passepartouts: etwas Klebstoff

Für die Weihnachtskarte mit Nikolausmotiv 14 cm x 9 cm, mit ovalem Passepartout-Ausschnitt 9 cm x 7 cm:

17 cm x 13 cm blaßgrünes Stickleinen,
ca. 112 Fäden/10 cm
Sticktwist in den in der Tabelle angeführten Farben
Sticknadel Nr. 26
Passepartout-Weihnachtskarte
Bei nicht selbstklebenden Passepartouts: etwas Klebstoff

Karte zum 2. Geburtstag 20 cm x 14,5 cm, mit rechteckigem Passepartout-Ausschnitt 14 cm x 9,5 cm:

23 cm x 18 cm weißer Fein-Aida-Stoff, ca. 70 Fäden/10 cm
Sticktwist in den in der Tabelle angeführten Farben
Sticknadel Nr. 26
Passepartout-Glückwunschkarte
Bei nicht selbstklebenden Passepartouts: etwas Klebstoff

Sticken

Bereiten Sie den Anleitungen auf Seite 5 entsprechend den Stoff vor und spannen Sie ihn in einen kleinen Rundrahmen. Besonders wichtig bei Stickereikarten ist eine saubere Rückseite ohne auftragende Stiche und Knoten, die sich als häßliche Verdickungen an der Vorderseite abzeichnen würden. Bei der Weihnachts- und Taufkarte wird ein Kreuzstich über zwei Gewebefäden gestickt.

Taufe ▼			
I	Weiß	⊡	734 Grün
✤	Silberfarben		(Rückstiche
	(Rückstiche Tauben)		Kante)
◆	725 Ocker	○	828 Blaßblau
●	957 Rosa	△	3072 Blaßgrau

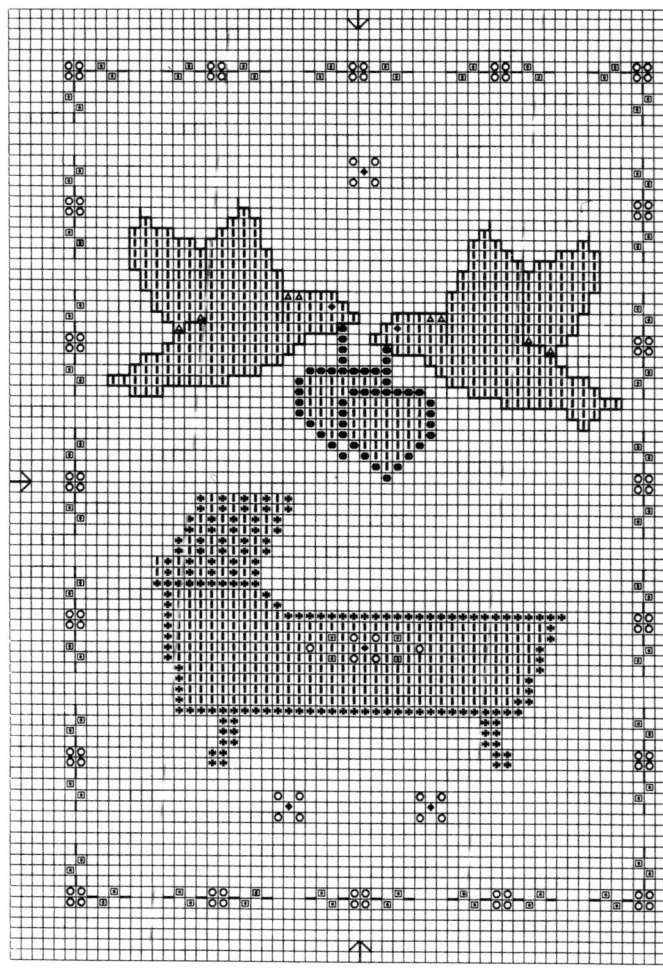

Sticken Sie alle drei Motive nach dem Zählmuster und nehmen Sie für die Kreuzstiche zwei Fäden in die Nadel. Einfacher geht es, wenn man beim Nikolausbart zunächst die blaßgrauen Schattierungen stickt und anschließend die weißen Felder ausfüllt. Ähnliches gilt für die Taufkarte; sticken Sie zunächst die Verzierungen auf der Wiege und fügen Sie erst danach die weißen Kreuzstiche ein. Die fertige Stickerei von links dämpfen. Ratsam ist es, die gehefteten Orientierungslinien noch nicht zu entfernen; sie helfen beim Einpassen des Stickbildes in den Passepartout-Ausschnitt.

Fertigstellen

Die drei Teile der Karte auseinanderfalten. Die Stickerei auf Größe des Passepartout-Ausschnittes plus rundum 12 mm zurückschneiden, so auf die Rückseite des Ausschnittes auflegen, daß das Stickbild genau in der Mitte sitzt und mit ein wenig Klebstoff fixieren. Die Heftfäden herausziehen. Klappen Sie nun den linken Teil der Karte ein und kleben Sie ihn ebenfalls vorsichtig an, so daß das Stickbild sauber und von beiden Seiten fixiert in seinem Rahmen sitzt

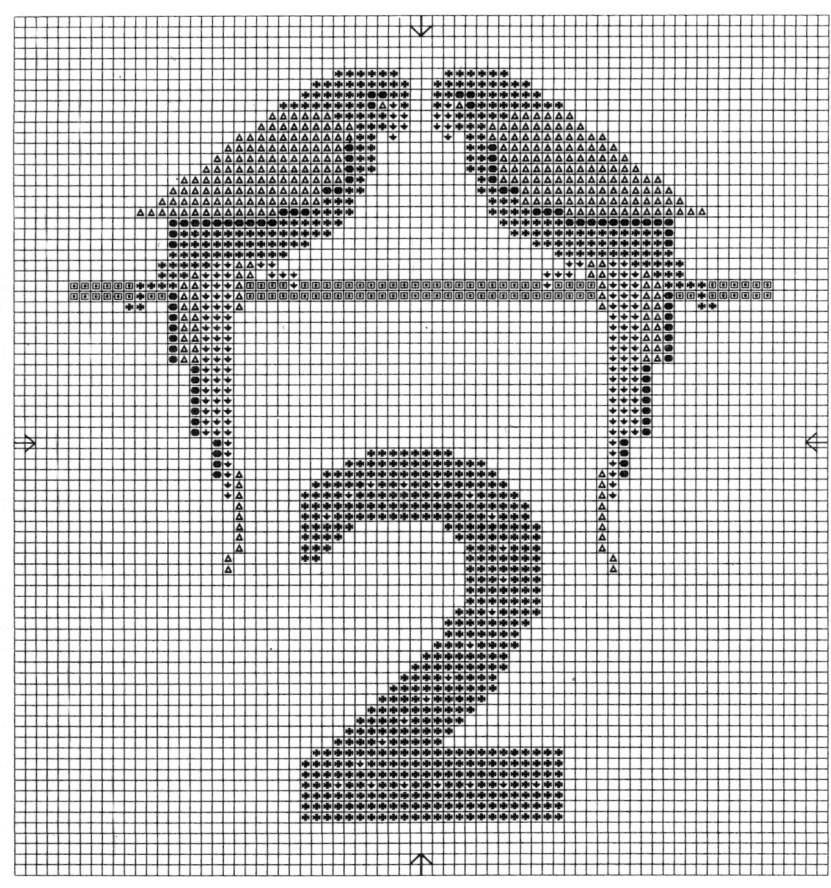

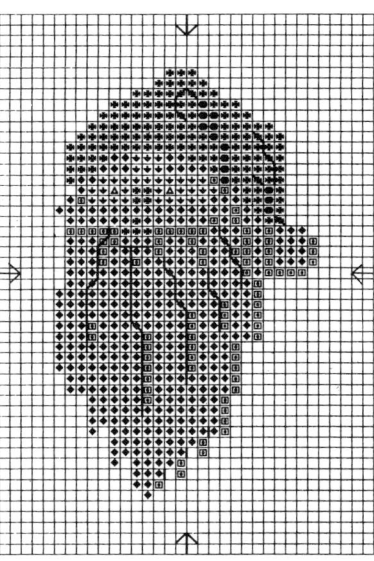

Nikolaus ▲

- ◆ Weiß
- ↓ 754 Fleischfarben
- ✹ 606 Rot
- ● 347 Dunkelrot
  (Rückstiche Mütze)
- △ 518 Blau
- ⊡ 3072 Blaßgrau
  (Rückstiche Bart)

2. Geburtstag ▲

- ↓ 725 Gelb
- ✹ 351 Rot
- △ 704 Grün
- ⊡ 734 Olivgrün
- ● 798 Blau

Babykorb-Decke

Von diesem ebenso hübschen wie praktischen Henkelkorb für allerlei Baby-Kleinkram werden junge Mütter sehr angetan sein. Die mit Bändern befestigte Decke kann zum Waschen abgenommen werden, und mit dem Heranwachsen des Kindes dient dann der Korb vielleicht als Spielzeug- und später als Einkaufskorb. Die Maße gelten für einen Korb von etwa 29 x 42 cm (Korbrand), lassen sich aber ohne weiteres verändern.
Ebenso gut würde die Decke sich auch als Stubenwagendecke eignen. Messen Sie den Babykorb genau aus, schneiden Sie den Stoff am Kopfende gerade ab und besetzen Sie nur die Längsseiten und das bogenförmige Fußende mit Rüschen. Futterstoff und Wattierung könnten in diesem Fall auch in einem Stück geschnitten und die Bänder weggelassen werden, so daß sich die Decke weich um das Kleine schmiegt.

Babykorb mit Rüschen

Material

Für eine Korbdecke ca. 33 cm x 46 cm, einschließlich Rüsche (3 cm breit):

33 cm x 46 cm weißer, quadratisch gewebter Baumwollstoff oder Leinen, ca. 64 Fäden/10 cm
33 cm x 46 cm weißer Baumwollbatist zum Abfüttern
1,60 m geraffte weiße Stickerei-Rüsche, 4 cm breit
1,40 m weißes Taftband, 2,5 cm breit
28 cm x 40 cm mittelstarke Synthetic-Wattierung
Sticktwist in den in der Tabelle angeführten Farben
Sticknadel Nr. 24
Passendes Nähgarn
Babykorb nach Wahl
Transparentpapier

Zuschneiden

Übertragen Sie zunächst das nebenstehende Schnittmuster in entsprechender Vergrößerung auf Transparentpapier (siehe Seite 6), markieren Sie die Orientierungslinien für die Stickmotive und schneiden Sie den Bogen aus.

Als nächstes die beiden Mittellinien der Länge und Breite nach in den Stoff heften, das Schnittmuster fadengerade und in Übereinstimmung mit den Orientierungslinien auflegen und um die abgerundeten Ecken einen Heftfaden ziehen. Das Schnittmuster umschlagen und mit der zweiten Stoffhälfte ebenso verfahren. Die Orientierungslinien für die beiden Stickmotive dem Schnittmuster entsprechend markieren.

Wattierung und Futterstoff gleichfalls nach dem Schnittmuster zuschneiden. Bei den Futterstoffteilen rundherum und bei der Wattierung nur an den abgerundeten Ecken 12 mm für die Naht zugeben.

Sticken

Den vorbereiteten Stoff in einen Stickrahmen spannen. Sticken Sie nach dem Zählmuster, die Kreuzstiche zweifädig, die Rückstiche einfädig.

Die Stickerei von links dämpfen und mit einer Rundum-Nahtzugabe von 12 mm ausschneiden.

Fertigstellen

Die fertige Stickerei-Rüsche entlang den Außenkanten rechts auf rechts auf den Oberstoff heften und dabei an den beiden Längsseiten eine 3 cm breite Lücke für den Korbhenkel lassen. Auf diese Weise kann sich die Decke gefällig um der Henkel legen und läßt sich auf beiden Seiten getrennt zurückschlagen. Die Schmalseiten der Rüsche zweimal einschlagen und absteppen. Den Oberstoff und die beiden Futterstoffteile rechts auf rechts legen und die Wattierung auflegen. Die drei Lagen heften und entlang den Außenkanten zusammensteppen. Die Wattierung bis dicht an die Naht zurückschneiden, die Nahtzugaben an den Rundungen einknipsen und die Decke auf die rechte Seite wenden. Nun die geraden Kanten der beiden Futterteile nach innen schlagen (soweit erforderlich, einige Stiche der äußeren Naht auftrennen), heften und absteppen.

Das Taftband in zwei Teile schneiden, die Mitte der beiden Hälften markieren und die Bänder in den „Korbhenkel-Lücken" an der Markierung auf die Nahtzugabe aufnähen. Sämtliche Heftfäden herausziehen und abschließend mit dem Bügeleisen vorsichtig über die Decke streichen.

Babykorb-Decke
1 Quadrat = 2,5 cm

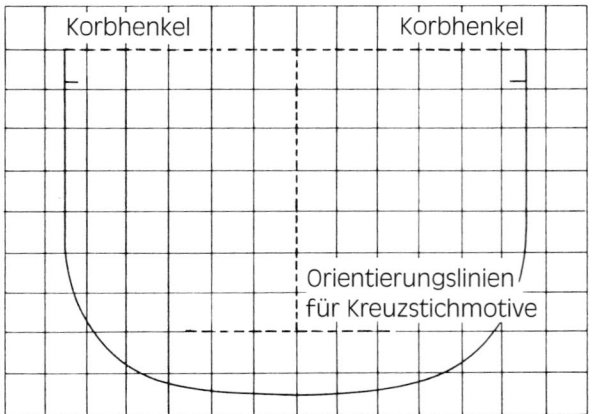

Wattierung: zweimal zuschneiden
Futterstoff: zweimal zuschneiden
Oberstoff: An der gestrichelten Umbruchlinie falten und einmal zuschneiden

◄ Schwalbe

- ◆ 3047 Creme
- ◣ 3078 Blaßgelb (Rück-
  stiche: Gelb)
- ↓ 725 Gelb (Rückstiche:
  Blaßblau)
- ○ 745 Fleischfarben
  (Rückstiche
  Augen: Blaßblau;
  Schnabel:
  Zinnoberrot)
- ⊡ 602 Dunkelrosa
  (Rückstiche:
  Dunkelblau)
- ✱ 350 Zinnoberrot
- I 798 Blaßblau (Rück-
  stiche: Blau)
- △ 824 Blau
- ● 336 Dunkelblau

Schmetterling ►

- ○ 3078 Blaßgelb
  (Rückstiche
  Adern: Gelb)
- ◆ 725 Gelb
  (Rückstiche:
  Zinnoberrot)
- ⊡ 602 Dunkelrosa
- ✱ 350 Zinnoberrot
- ↓ 3747 Blaßblau
- ● 824 Blau (Rück-
  stiche Fühler)
- △ 676 Braungelb,
  dunkel
  (Rückstiche:
  Zinnoberrot)

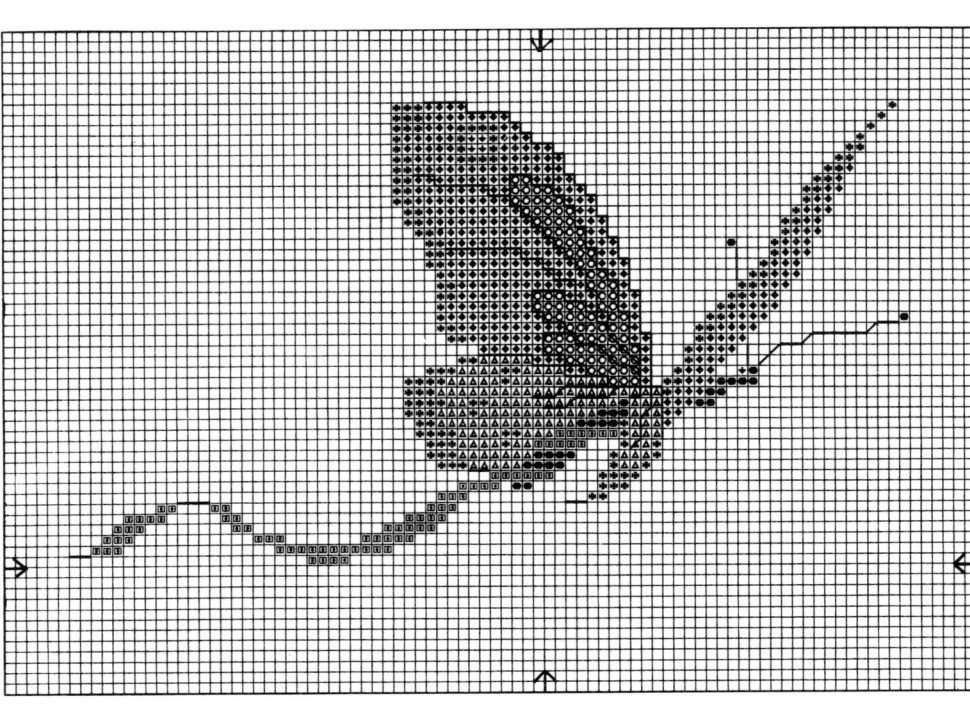

39

Gestickte Miniaturen

Tragen Sie eine kleine Galerie hübscher Stickbilder zusammen. Miniaturen wie „Junge Magd", „Wiegenkind" und „Frisch und munter" können ein Kinderherz erfreuen und ermuntern vielleicht das eine oder andere kleine Mädchen dazu, selbst die Sticknadel in die Hand zu nehmen.

Wollen Sie alle drei Motive sticken, sollten Sie eventuell eine einheitliche Hintergrundfarbe wählen. Die junge Magd und das schlummernde Baby würden sich gegen den blauen Hintergrund gewiß hübsch ausnehmen.

Ziehen Sie Weiß oder Creme vor, wäre es ratsam, die Konturen von Haube und Schürzenrand mit grauen Rückstichen gegen den hellen Hintergrund abzusetzen.

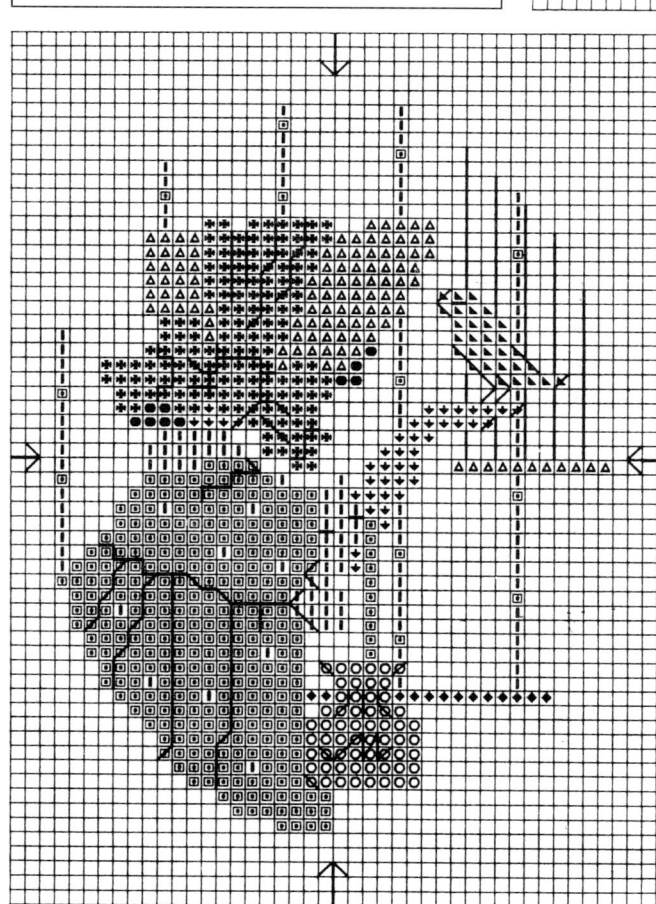

„Frisch und munter" ▼

○ 963 Rosa (Rückstiche: Dunkelrosa;
   Initial „ M": Purpur)

⊡ 335 Dunkelrosa (Rückstiche:
   Purpur)

↓ 948 Fleischfarben

✽ 3041 Purpur (Rückstiche:
   Dunkelbraun)

Ι 966 Grün

◆ 3052 Saftgrün

◣ 307 Gelb (Rückstiche: Ocker)

△ 833 Ocker (Rückstiche Käfig,
   Vogelstelzen)

● 3011 Dunkelbraun

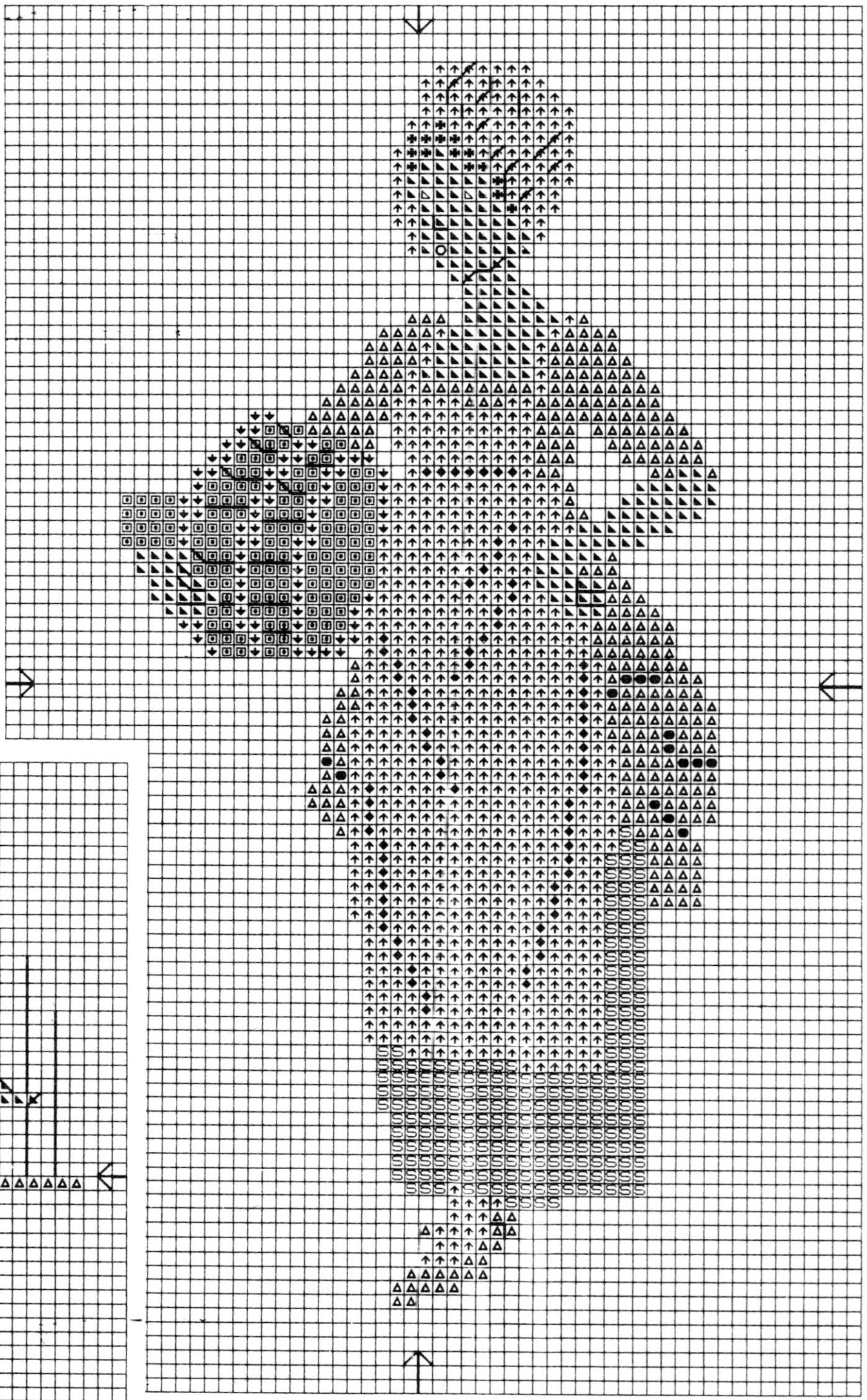

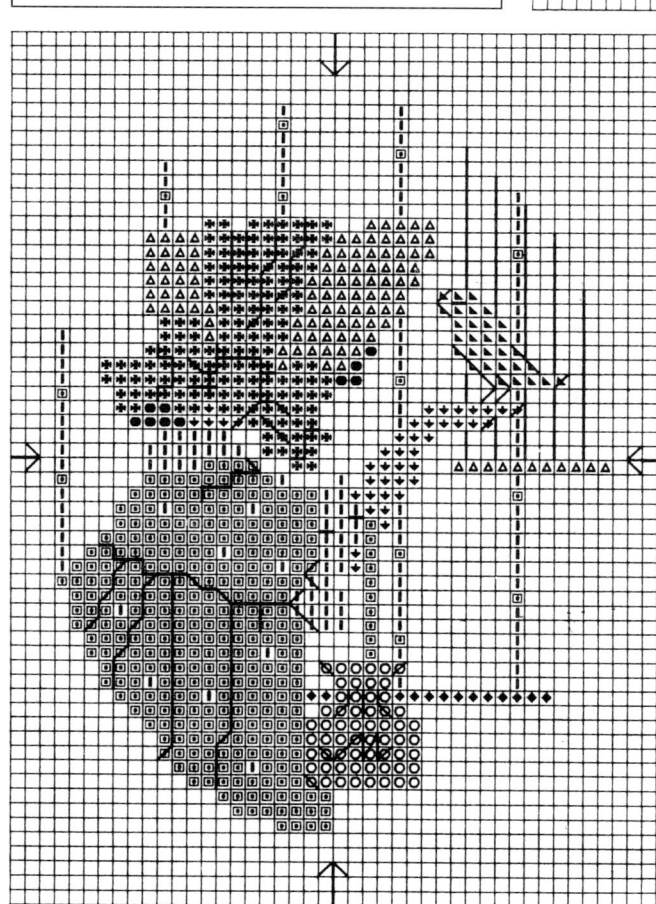

Junge Magd ◄

↑ Weiß (Rückstiche in einer anderen Farbe)
◣ 948 Fleischfarben (Rückstiche: Rosa)
○ 352 Rosa
◺ 800 Blau
● 823 Marineblau, mittel
△ 312 Dunkelblau
⊡ 436 Hellbraun (Rückstiche: Braun)
✱ 434 Braun
◆ 415 Blaßgrau
↓ 648 Grau
   (Rückstiche: Grau)

Wiegenkind ▼

= Weiß
↑ 726 Gelb
Ι 676 Gold
◣ 754 Fleischfarben
   (Rückstiche: Rosa)
△ 3688 Rosa
● 602 Dunkelrosa

◺ 3756 Blaugrün, blaß
   (Rückstiche:
   Blaugrün)
⊡ 519 Blaugrün
� 955 Blaßgrün
↓ 913 Grün (Rückstiche
   Zweige)
◆ 951 Rehbraun
✱ 3011 Braun

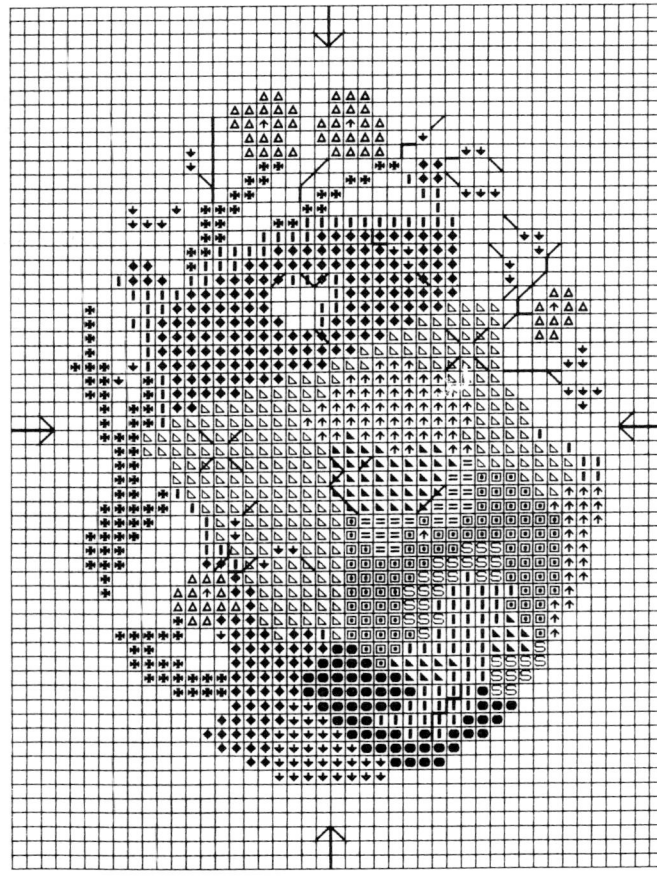

Gestickte Miniaturen

Material

Für das Motiv „Junge Magd", 18 cm x 13 cm:

23 cm x 18 cm blauer Fein-Aida-Stoff, ca. 7,2 Fäden/10 cm
Sticktwist in den in der Tabelle angeführten Farben
Sticknadel Nr. 26
Ovaler Messingbilderrahmen

*Für die Motive „Frisch und munter" und „Wiegenkind",
jeweils 11,5 cm x 9 cm:*

28 cm x 18 cm weißes Stickleinen, 26 Gewebefäden/2,5 cm
Sticktwist in den in der Tabelle angeführten Farben
Sticknadel Nr. 26
2 ovale Messingbilderrahmen

Sticken

Alle drei Miniaturen werden auf dieselbe Weise gestickt und fertiggestellt. Bereiten Sie den Anleitungen auf Seite 5 entsprechend den Stoff vor, markieren Sie die Mittellinien der Motive mit Heftfaden und spannen Sie den Stoff in einen Rundrahmen. Sticken Sie alle Motive zweifädig, mit Ausnahme der Rückstiche in der Miniatur „Junge Magd"; sie werden mit einem Faden gestickt. Denken Sie daran, daß bei Zählstoffen über die Rückseite laufende Fäden oft auf der rechten Seite durchschimmern. Führen Sie deshalb den Stickfaden nicht von einem Motiv zum anderen, sondern vernähen Sie ihn und fangen Sie an anderer Stelle wieder neu an.
Die Stickerei aus dem Rahmen nehmen und – falls erforderlich – von links dämpfen.

Fertigstellen

Halten Sie sich beim Einpassen der Bilder in die Rahmen an die Herstellerhinweise. Achten Sie auf eine ausreichende Stoffzugabe und passen Sie die Stickerei samt mitgelieferter Pappschablone probehalber in den Rahmen ein, ehe Sie den Stoff zurechtschneiden.

Kissenhülle mit Bändern

Putzen Sie ein unifarbenes gelbes Kissen mit dieser hübsch bestickten und mit Satinbändern versehenen Hülle aus blütenweißem Baumwollstoff heraus. Die Idee ist ebenso originell wie praktisch; abends wird der Bezug abgenommen und braucht deshalb nicht so oft gewaschen zu werden.
Das Motiv „Hirtenjunge" wirkt aber auch auf Kinderkleidung, einem Lätzchen oder einem Tischset sehr hübsch.

Kissenhülle mit Bändern

Material

Für eine Kissenhülle 46 cm x 35 cm:

48,5 cm x 38 cm weißer Stern-Aida-Stoff,
ca. 54 Fäden/10 cm
48,5cm x 38 cm weißer feiner Baumwollstoff oder Leinen
zum Abfüttern
2,50 m kornblumenblaues Satinband, 2 cm breit
1,40 m kornblumenblauer Schrägstreifen
Sticktwist in den in der Tabelle angeführten Farben
Sticknadel Nr. 24
Passendes Nähgarn

Sticken

Bereiten Sie den Anleitungen auf Seite 5 entsprechend den Stoff vor, markieren Sie nach nebenstehendem Zählmuster die Orientierungslinien für das Motiv mit Heftfaden und spannen Sie den Stoff in einen Stickrahmen.

Arbeiten Sie mit zwei Fäden in der Nadel, füllen Sie zuerst die Kreuzstichfelder aus und schließen Sie mit den Rückstichen ab.

Die Heftfäden herausziehen, die Stickerei aus dem Rahmen nehmen und von links dämpfen.

Fertigstellen

Ober- und Unterstoff rechts auf rechts an den beiden Längsseiten zusammenheften, mit einer 12 mm breiten Naht steppen und die Nähte breitbügeln.

Das Satinband in acht gleich lange Stücke schneiden. Die Kissenhülle auf die linke Seite drehen und die Bänder paarweise und im Abstand von 10 cm zu den Längsnähten auf die Schmalseiten des Bezuges heften (siehe Abbildung unten). Nun die Schmalseiten der Kissenhülle mit Schrägstreifen versäubern, dabei die Bandenden mitfassen und die Schrägstreifenkanten an der Nahtstelle überlappen lassen. Die Kissenhülle bügeln und auf die rechte Seite drehen. Streifen Sie den Bezug über ein Kissen in einer Kontrastfarbe und binden Sie die Bänder zu Schleifen.

Hirtenjunge ▶		
◹	Weiß	(Rückstiche: Blau)
⌣	744	Gelb (Rückstiche: Maisgelb)
↓	738	Maisgelb
◆	834	Dunkelgelb
‖	3779	Fleischfarben (Rückstiche: Rot)
△	3712	Rot (Rückstiche: Olivgrün)
○	341	Blau (Rückstiche: Dunkelblau)
●	792	Dunkelblau (Rückstiche: 017; außerdem Rückstiche Auge)
✷	3052	Olivgrün
⊡	3011	Braun

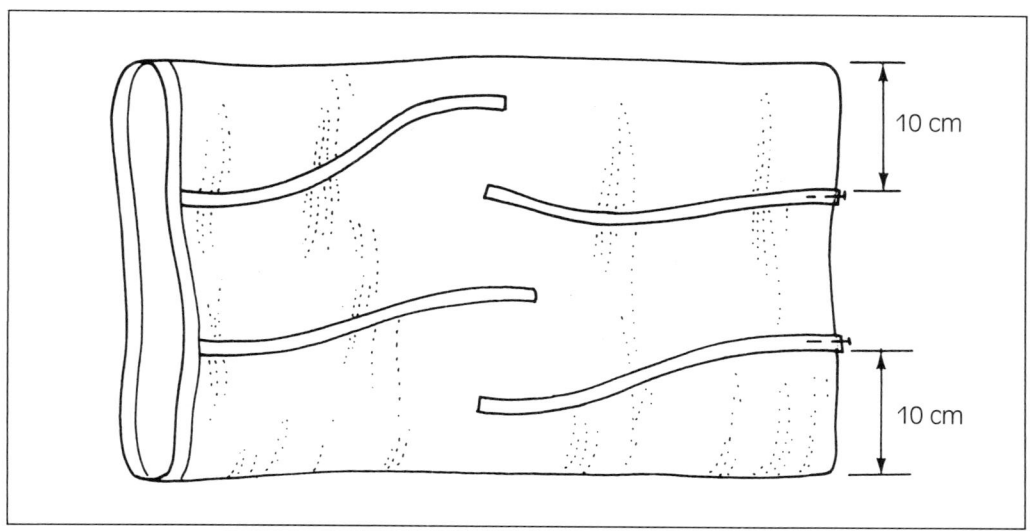

DANKSAGUNGEN

Die Autorin dankt folgenden Personen,
die mit einem hohen Maß an Können und Hingabe
an der Herstellung der in diesem Buch vorgestellten
Stickarbeiten beteiligt waren: Clarice Blakey,
Caroline Davies, Christina Eustace, Janet Grey
und Julie Hasler für ihren Entwurf „Junge Magd"
auf Seite 42.
Desgleichen gilt ihr Dank dem Sponsor
DMC Creative World Ltd. für die Überlassung der
Schwarzweiß-Zählmuster.